农村新生代劳动力转移对农业生产技术效率的影响研究

——以辽宁省为例

陈素琼　著

中国农业出版社

课 题 资 助

2013 年度国家自然科学青年科学基金项目“外出就业对新生代农民工婚育行为的影响：机理与实证”（71303159）

2012 年度国家自然科学基金面上项目“信息能力、职业流动性与新生代农民工市民化：机理与实证”（71273179）

2015 年度国家自然科学科学基金面上项目“农民工非技能型人力资本的测度及其对城市融合的影响机制与实证”（71573179）

2011 年度教育部人文社会科学研究青年基金项目“东北粮食主产区农村新生代劳动力转移对粮食生产效率的影响研究”（11YJC630018）

前 言
FOREWORD

自改革开放以来，伴随着工业化、城市化进程，农村劳动力转移已成为一种相当普遍的现象。经过30多年的改革发展，随着20世纪80年代和90年代出生的外出务工劳动力的规模及其比重不断扩大，新生代外出务工劳动力已经成为农村转移劳动力这一群体的主力军。新生代劳动力转移对于流入地和流出地的经济、社会等诸多方面会产生一系列影响，而粮食的生产和供给对于我国粮食安全和农村社会经济发展有着不可替代的作用。那么，新生代劳动力转移对于粮食生产投入产出要素及其技术效率会产生怎样的影响，不同代际劳动力转移是否会对粮食生产技术效率造成一定冲击是值得关注的问题。研究清楚这些问题对于引导劳动力有序转移、粮食安全与培训新型农民等均有着十分重要的意义。

本书通过对辽宁省的调研，首先分析新生代外出务工劳动力的基本特征及其与第一代外出务工劳动力的代际差异。研究显示，新生代外出务工的平均年龄为23.55岁，总体上男性居多，未婚的比例为56.25%，平均受教育年限为9.58年；男性新生代外出务工劳动力更倾向于成为技能工人，而女性则更多从事服务类工作；

更倾向于县外省内的中长距离流动，务工所得主要用于自己消费。由于成长环境不同，新一代外出务工劳动力与第一代外出务工劳动力存在显著的代际差异，受教育程度和未婚比例均明显高于第一代外出务工劳动力；更倾向选择县外省内流动，而非第一代外出务工劳动力偏好的乡外县内或者跨省流动；更多选择成为技能工人，而不像第一代外出务工劳动力更多从事力工、零工这样的工作岗位；相比于第一代外出务工劳动力，汇款金额明显减少。

本书将农户分为四种不同类型劳动力转移农户，并从务农劳动力和土地规模两方面分析新生代劳动力转移对农业生产过程中投入要素产生的影响。研究结果发现，劳动力转移在一定程度上加剧了农业劳动力老龄化，并加大了女性务农劳动力的比重，但新生代劳动力转移对农业劳动力老龄化的影响更明显，而第一代劳动力转移对女性农业劳动力比重的增加作用更加显著。土地流转方面，水稻种植户的土地流转规模比非水稻种植户更高，在土地流转过程中，并非所有农户都对流转期限进行约定，有约定的期限一般在5年以下，签订书面协议的比例不算太高，村集体中介或者土地流转机构的介入程度较低，并没有发挥相关作用；无劳动力转移农户更倾向于土地转入行为，土地转出行为农户中所占比重更大的是第一代劳动力转移农户和第一代和新生代劳动力转移并存农户。进一步对农户土地流转行为的影响因素进行分析，回归结果显示，外出务工人员比例、村到镇上的距离对土地转入行为产生负向影响，而人均耕地面积有利于农户土地转入行为的发生；外出务工人员比例、年人均收入水平、村到镇上的距离均与土地转出行为呈显著正相关，而务农劳动力总量对土地转出行为产生负向影响。不同类型劳动力转移对农户土地流转行为的影响关系在统计上并不显著。

以水稻和玉米两大主栽高产粮食作物为例，探讨新生代劳动力转移对粮食生产技术效率的影响。对水稻生产的研究结果显示，务工收入使得劳动力转移农户投入更多的化肥费用，且第一代劳动力转移农户、第一代和新生代劳动力转移并存农户比新生代劳动力转移农户投入更多化肥费用；DEA法测度的技术效率显示，总体上四种不同类型农户水稻生产技术效率差别不大；对农户水稻生产技术效率影响因素的回归分析发现，种植经验、种植规模、农业技术方面学习和指导与其成显著正向关系，而不同类型劳动力转移对水稻生产技术效率的负向关系在统计上并不显著。对玉米生产的研究结果显示，为了弥补在务农劳动力投入不足和种植规模上的劣势，外出务工的汇款使得劳动力转移农户愿意投入更多的化肥、农药和其他物质费用以提高粮食单产和技术效率；同样采用DEA法测度技术效率显示，四种不同类型农户在玉米生产技术效率也不存在显著差异；对影响农户玉米生产技术效率的影响因素进行实证，结果显示，农户受教育年数、种植规模、有无农技员为其提供技术指导等因素对玉米生产技术效率的影响是显著性正向关系，村到镇上的距离对其影响为负。而与水稻生产技术效率的影响类似，虽然农户的劳动力转移类型对玉米生产的技术效率的影响为负，但是在统计上同样不显著。

笔者愿借助本书唤起学界对新生代农村劳动力转移对农业生产问题的更多关注，同时，推动对新生代劳动力转移这一问题的更全面、深入的研究。

陈素琼

2017年1月

目 录
CONTENTS

1 导　论

1.1 研究背景及问题的由来

从国际经验来看，农村劳动力从农业向非农产业、从农村向城市的转移是世界各国城市化推进过程中一种不可跨越的必经阶段。我国农村劳动力转移也是如此，伴随着我国工业化、城市化的进程，农村劳动力转移已成为一种相当普遍的现象。我国农村劳动力转移的历史由来已久，从新中国成立初期至今，农业劳动力向非农产业的转移经历了一条漫长而曲折的过程。根据“中国农村劳动力转移”课题组的研究发现，目前，我国建筑业的50%、煤矿采掘业的80%、纺织服装业的60%和城市一般服务业的50%的从业人员均来自农村[①]。毫无疑问，农村劳动力的大规模转移对我国经济快速发展起到了重要的作用。根据有关学者研究结论发现，随着工业的发展和城市化进程的加快，农村劳动力开始大规模跨区域外出务工，劳动力的大规模流动对中国经济增长起到了非常重要的作用（刘秀梅，田维明，2005）。张广婷、江静和陈勇（2010）估计1997—2008年中国农业剩余劳动力转移对劳动生产率提高和GDP增长的贡献分别达到16.33%和1.72%，而由于劳动力流动障碍导致的劳动力在部门间错配使经济增长的效率下降8%（袁志刚，解栋栋，2011）。

新中国成立初期，我国开始大规模的经济建设，需要大量劳

① 中国农村劳动力转移课题组．中国农村劳动力转移现状、问题与发展．

动力，从而使得农村劳动力开始由农业向非农产业进行自发转移。1952 年，全民所有制工业部门职工为 510 万人，1958 年增加到 2 316 万人，工业部门新增 1 806 万职工，这部分新增职工绝大部分是由农村劳动力转移而来。从 20 世纪 60 年代至 70 年代后期，由于我国的历史原因，在政府严格控制之下，使得这一时期的农村劳动力转移基本上处于萎缩状态。自改革开放以来，随着经济体制改革的深化和经济结构的重大调整，我国农村劳动力转移就业人数呈不断增长态势。1978 年，农业劳动力在社会劳动力的份额为 70.53%，1990 年这一份额下降到 60.10%，2000 年进一步下降到 50%，2010 年这一份额仅为 36.70%，这 32 年间，农业劳动力在社会劳动力的份额下降了 33.83 个百分点，平均每年下降 1.06 个百分点①。这一组数据从侧面反映了改革开放后我国农村劳动力转移的发展势头之迅猛，规模和速度之空前。

针对我国农村劳动力转移的普遍现象，城乡流动大军占据主流，国家统计局为了全面、及时、准备地反映农民工数量、流向、结构、就业、收支、居住、社会保障等情况，于 2008 年年底建立了农民工统计监测调查制度，对全国 31 个省份 6.8 万个农村住户和 7 100 多个行政村的农民工进行监测调查，每年发表全国农民工监测调查报告。根据国家统计局抽样调查的结果，2015 年全国农民工总量为 27 747 万人，其中外出农民工为 16 884万人、本地农民工为 10 863 万人。2008—2015 年，我国农民工的总量由 22 542 万人增加到 27 747 万人，增加了 23.09%，其中外出农民工总量由 14 041 万人增加到 16 884 万人，增加了 20.25%。由此可见，近年来我国农村劳动力转移就业呈现稳定增长的态势。

① 国家统计局。

表 1-1　2008—2015 年我国农民工数量

单位：万人

年份	2008	2009	2010	2011	2012	2013	2014	2015
农民工总量	22 542	22 978	24 223	25 278	26 261	26 894	27 395	27 747
外出农民工	14 041	14 533	15 335	15 863	16 336	16 610	16 821	16 884
住户中外出农民工	11 182	11 567	12 264	12 584	12 961	13 085	13 243	—
举家外出农民工	2 859	2 966	3 071	3 279	3 375	3 525	3 578	—
本地农民工	8 501	8 445	8 888	9 415	9 925	10 284	10 574	10 863

注：《2015 年全国农民工监测调查报告》中没有给出外出农民工中住户中外出农民工和举家外出农民工的具体数量。

数据来源：2009—2015 年全国农民工监测调查报告。

经过 30 多年的改革发展，城市化、现代化进程的推进，我国农村转移的劳动力除了在人数总量上呈现快速增长的势态外，还表现出一个较为显著的特征，即这一主体的内部产生了较大的分化，已不再是一个高度同质的群体。学术界主要从两个层面对农民工群体的内部分化进行研究：一是基于农民工内部不同的经济地位、社会声望等方面的垂直分化；二是基于不同年龄段的农民工各自的特征、行为决策等方面的代际分化。新生代农民工正是基于农民工内部代际分化研究的主体。

农民工群体已经分化为第一代农民工和新生代农民工两个不同的群体了。第一代农村转移劳动力（即第一代农民工），指 20 世纪 80 年代初到 90 年代初外出务工就业的农村劳动力，他们成长于计划经济时代，目前已经进入了知天命的年龄。而他们的下一代是出生于 1980 年后并于 20 世纪 90 年代后期外出务工进行转移的新生代劳动力转移（即新生代农民工），成为农村转移劳动力的主体了。据 2014 年全国农民工年龄结构调查显示，16～

20岁占3.7%，21～30岁占29.2%，31～40岁占22.3%，41～50岁占26.9%，50岁以上的占17.9%，农民工以青壮年为主。众所周知，当代中国正处于一个快速发展变化的时代，不同的时代背景下出生和成长起来的农民工，个体的人格特征存在显著不同。改革开放以后出生的新生代农民工和计划经济时代成长起来的第一代农民工，不论在成长生活的社会环境还是家庭环境方面都发生了根本性的变化。这在很大程度上决定着第一代转移的农村劳动力和新生代转移的农村劳动力这两个群体在文化、观念和行为等方面均存在着明显的差异。因此，研究劳动力转移的代际转换这一新领域，研究新生代劳动力转移的新情况、新问题就有着充分的必要性和重要性，且具有前瞻性。

表1-2　2008—2015年我国农民工年龄构成

单位：%

年份	2008	2009	2010	2011	2012	2013	2014	2015
16～20岁	10.7	8.5	6.5	6.3	4.9	4.7	3.5	3.7
21～30岁	35.3	8.5	35.9	32.7	31.9	30.8	30.2	29.2
31～40岁	24	23.6	23.5	22.7	22.5	22.9	22.8	22.3
41～50岁	18.6	19.9	21.2	24	25.6	26.4	26.4	26.9
50岁以上	11.4	12.2	12.9	14.3	15.1	15.2	17.1	17.9

数据来源：2009—2015年全国农民工监测调查报告。

新生代劳动力转移对于流入地和流出地的经济、社会等诸多方面都会产生一系列影响。粮食是关系国计民生的重要商品，是关系经济发展、社会稳定和国家自立的基础，保障国家粮食安全始终是治国安邦的头等大事。粮食的生产和供给对于我国粮食安全和农村社会经济发展有着不可替代的作用。辽宁省是我国13个粮食主产区之一，玉米、水稻是两大主栽高产粮食作物，为辽宁省粮食丰收奠定了坚实的基础，2012年辽宁省粮食总产达到

207.05 亿千克，实现连续 9 年丰收，粮食产量创历史新高。辽宁省粮食主产省地位进一步稳固，随着我国粮食生产重心进一步由南向北推移，辽宁省的粮食生产在国家粮食安全体系中的战略地位将愈加重要。

那么，辽宁省农村新生代劳动力转移这一客观现象对于粮食生产会产生什么样的影响，不同类型劳动力转移农户家庭在粮食生产过程中投入的各要素是否存在差异，其差异程度多大，对粮食生产的技术效率是否产生显著性影响？研究清楚这些问题对于引导劳动力有序转移，促进城市化进程的加快发展，对于粮食安全以及对于新农村建设中如何选择培训新型农民，以及在政府有关农村劳动力转移的政策引导上均有着十分重要的意义。

1.2 研究目标和研究内容

1.2.1 研究目的

本书以辽宁省为例，研究农村新生代劳动力转移对粮食生产技术效率的影响，期望取得如下研究成果：

一是掌握辽宁省农村新生代劳动力转移的基本特征，并在此基础上分析农村新生代劳动力转移与第一代劳动力转移之间是否存在代际差异，以及在哪些方面存在差异。

二是探讨辽宁省农村新生代劳动力转移对农业生产过程中投入要素的影响。农业生产过程中投入的要素主要有劳动力、资本和土地三项，本书就劳动力和土地规模两个主要的投入要素进行分析，探讨新生代劳动力转移对投入农业生产过程的务农劳动力和土地流转的影响效应。

三是研究辽宁省新生代劳动力转移对农业生产的效率（主要指技术效率）的影响。通过新生代劳动力转移对农业生产过程的投入要素的影响程度、影响因素的分析，提出有利于进一步提高农业技术效率的政策建议。

1.2.2 研究内容

(1) 辽宁省农村劳动力转移的代际差异及新生代劳动力转移基本特征分析

主要通过采用问卷调查的方法开展实地调研，收集相关的资料，从个人特征和家庭特征方面来分析辽宁省农村劳动力转移的代际差异。个人特征主要从性别、年龄、婚育状况、文化程度、外出从事的职业等指标来考察劳动力转移的个人特征的代际差异，家庭特征主要从家庭耕地面积、家中人口数、收入状况及构成等指标来分析。

(2) 辽宁省农村新生代劳动力转移对粮食生产过程投入要素的影响分析

粮食生产过程中最重要的投入要素是劳动力、资本和土地三要素，本部分主要从新生代劳动力转移对粮食生产过程中投入的劳动力和土地规模两种要素的不同影响进行分析。首先，探讨新生代农村劳动力转移对粮食生产投入的劳动力数量、年龄结构和性别结构的影响效应，分析新生代劳动力转移是否对粮食生产过程中存在的老龄化、女性化产生显著性影响。然后，分析新生代劳动力转移对农户家庭的土地流转的规模、流转期限等是否产生影响，进一步探讨影响农户土地流转行为的因素。

(3) 辽宁省农村新生代劳动力转移对粮食生产技术效率的影响分析

以水稻和玉米两大主栽高产粮食作物为例进行分析。首先，对样本农户粮食（水稻或玉米）生产技术效率进行测算。通过数据包络分析方法（DEA）全面测算样本农户的粮食（水稻或玉米）生产技术效率。在此基础上，分析辽宁省农村新生代劳动力转移对粮食生产技术效率的影响，探讨不同代际劳动力转移类型的农户在粮食（水稻或玉米）生产技术效率上是否存在显著差异，并对其可能产生的原因进行分析。最后，提出相关的政策建议。

1.3 研究的相关概念界定

1.3.1 农村转移劳动力

农村劳动力与农业劳动力这两个概念在现有的很多研究文献中都没有做特别的区分。但严格说，这两者是不相同的。农业劳动力是按照所从事职业的性质来划分的，具体而言，农业劳动力是指农村从事第一产业的劳动力。农业劳动力的数量，是指农村中符合劳动年龄并有劳动能力的人的数量和不到劳动年龄或已超过劳动年龄但实际参加农业劳动的人的总数量。农业劳动力的质量是指农业劳动力的体力强弱、技术熟练程度和科学、文化水平的高低。与之相对应的是经济学范畴中的非农业劳动力。而农村劳动力是按照劳动力所从事职业的地域来划分的，具体而言，指农村人口中年龄在 16 周岁以上、具有劳动能力的农民。与之相对应的是经济学范畴中的城镇劳动力。农村劳动力不仅包括在农村从事第一产业的劳动力，还包括在农村从事第二、第三产业的劳动力，以及户籍在农村，但是自行外出城镇就业的劳动力。本书在实证研究部分，对不同代际农村转移劳动力农户的粮食生产投入要素和技术效率的测算上，从准确性和严谨性出发而采用农业劳动力这一概念，但是在文献综述部分则尊重现有文献中的习惯，不对两者做特别区分。

按照当前国家统计局的统计口径，农村转移劳动力是指到外乡就业 6 个月以上的农村劳动力；或者虽然未发生地域性转移，但在本乡内到非农产业就业 6 个月以上的劳动力。本书主要是针对发生地域转移外出就业的这一部分农村转移劳动力进行相关的分析研究。

1.3.2 第一代农村转移劳动力和新生代农村转移劳动力

王春光研究员（2001）认为农村流动人口已经出现代际的变化，不仅在流动动机上存在着很大的差别，而且在许多的社会特征上也差异明显，从而提出了“新生代农村流动人口”的概念。从社会学角度出发，其认为有两层含义：一层是他们的年龄在25岁以下、于20世纪90年代外出务工经商、与第一代农村流动人口在社会阅历上有着明显的差别；另一层就是他们不是第二代农村流动人口，而是介于第一代与第二代之间过渡性的农村流动人口。刘传江、徐建玲（2006）则基于社会经济背景以及文化、观念及行为上的差异，从人口学和经济学视角出发提出了“第二代农民工”的概念，认为第二代农民工是相对于改革开放后于20世纪80年代中期到90年代中期从农业和农村中流出并进入非农产业就业的第一代农民工而言的，具体指的是1980年以后出生、20世纪90年代后期开始进入城市打工的农民工。《中国新生代农民工发展状况及代际对比研究报告》（2007）用年龄作为划分的标准，将新生代农民工，定义为1980年以后出生的、16周岁以上的青年农民工。新生代农民工俗称第二代农民工、“80后”农民工。虽然学者在对“新生代”一词的界定上存在着差异，但绝大部分认为“新生代”是出生在20世纪80年代后，以“三高一低”——受教育程度高、职业期望值高、物质和精神享受要求高、工作耐受力低为特征的城市务工农民（钱入磊，2007）。

本书借鉴上述学者的观点，从代际视角按照年龄为主要标准将农村劳动力转移划分为第一代农村转移劳动力和新生代农村转移劳动力。第一代农村转移劳动力，指20世纪80年代初到90年代初从农村外出到城市务工的农村劳动力。新生代农村转移劳动力，是指1980年以后出生的、20世纪90年代后期开始进入城市务工的农村劳动力转移人口。

1.3.3 农业生产

农业生产是自然再生产和社会再生产密切结合的物质生产过程，是农业各种生产要素投入和获得产出的过程。农业生产和其他物质生产部门相比，具有地域性、季节性和周期性的特点。

1.3.4 技术效率

技术效率（TE）是基于相对效率概念的基础上所发展起来的一种效率评价方法。技术效率是衡量一个经济实体在投入要素既定的条件下所能获取最大产出的能力，可以从投入和产出两个角度进行探讨。从投入的角度来定义，技术效率（TE）是指一个经济实体在产出水平保持不变，且投入要素市场价格不变的条件下，按照既定的要素投入比例所能达到的最小成本占实际生产成本的百分比（M. J. Farrell，1957）；而从产出角度来定义，技术效率（TE）则是指在特定技术条件下保持投入的生产成本不变，一个经济实体的实际产出与能达到的最大产出的生产边界之比。二者虽然角度不同，但是本质上是一致的，都是将农户的实际生产点与前沿生产点进行比较，反映投入的相对利用程度（徐琼，2005）。本书运用此方法测度不同代际劳动力转移农户的农业生产效率，以分析不同代际农村劳动力转移对农业生产技术效率的影响。

1.3.5 土地流转

土地流转是指土地作为一种生产要素在农业生产者之间流动，从而达到土地资源优化配置的过程。土地流转的形式可以是多样的，如租赁、转包、入股等。本书中的土地流转仅指农地在农户个体之间的租赁，不涉及农地入股、农地转为建设用地。土地流转达到一定规模就可以形成土地租赁市场，发达的土地市场能够促进土地向生产效率高的农户流动，从而提高土地资源在农户间的配置效率，这是提高农地资源利用效率的重要手段。

1.4 研究方法与技术路线

1.4.1 研究方法

(1) 问卷调查法

通过实地调研问卷的方法来获得辽宁省农村新生代劳动力转移的基本特征和具有不同劳动力转移类型的农户家庭在粮食生产中投入和产出的相关数据。

(2) 统计对比分析法

基于农户的调查研究，采用统计对比分析法对具有新生代劳动力转移的农户和第一代劳动力转移的农户和不存在劳动力转移的农户在粮食生产中投入的劳动力、资本和土地等要素和效率的影响的差异进行统计对比分析。

(3) DEA 的 Malmquist 效率指数法

采用此法选取合适的投入产出指标对不同类型的农户的粮食生产效率进行测算。

(4) 计量相关回归分析法

主要选取合适的计量经济的相关回归模型法和有关的软件（主要是 Stata）研究农村新生代劳动力转移对粮食生产效率的影响效应。

1.4.2 数据来源

(1) 统计资料

《中国统计年鉴》《中国农村统计年鉴》《中国农村住户调查

年鉴》《中国农业统计资料汇编》《新中国五十五年统计资料汇编》和相关省市统计年鉴，以及公开发表文献中的数据。

(2) 农户调查数据

数据来自于两次对辽宁省农户的实地调研。2010 年 7 月对辽宁省水稻主要产区大洼、新民、凌海三地水稻种植农户的抽样调查。采用问卷调查的形式，调查主要询问了受访农户及家庭成员特征、土地规模状况及农作物主要生产环节类型与费用等内容。调查过程中采取了分层随机抽样来选择样本农户。首先根据各乡镇的经济状况、距离县城的远近，从每个地区随机抽取了 4 个乡镇。然后根据规模差异在每个乡镇随机抽取 4～5 个样本村。最后在每个样本村随机抽取了 5～10 户农户。调查中如遇到所抽取的样本农户不在家等情况，采取邻户替代法。最终得到问卷 305 份，其中有效问卷 298 份，占问卷总数的 97.70%。

考虑到 2010 年 7 月的调研数据中外出务工劳动力样本数据，以及调查主要集中在水稻主要产区大洼、新民、凌海三地的水稻种植农户的原因，课题组进行了数据的补充调查。利用 2012 年以沈阳农业大学为主的几大高校的三农协会的学员在寒假期间进行了有关农户种植经营的问卷调查。本次调查和 2010 年的调查问卷基本类似，主要询问了农户外出务工和留守务农人员的自身特征、家庭特征及农作物主要生产环节类型与费用等主要内容。最终得到问卷 210 份，其中有效问卷 203 份，占问卷总数的 96.67%。

1.4.3 技术路线

本书的技术路线如图 1-1 所示。

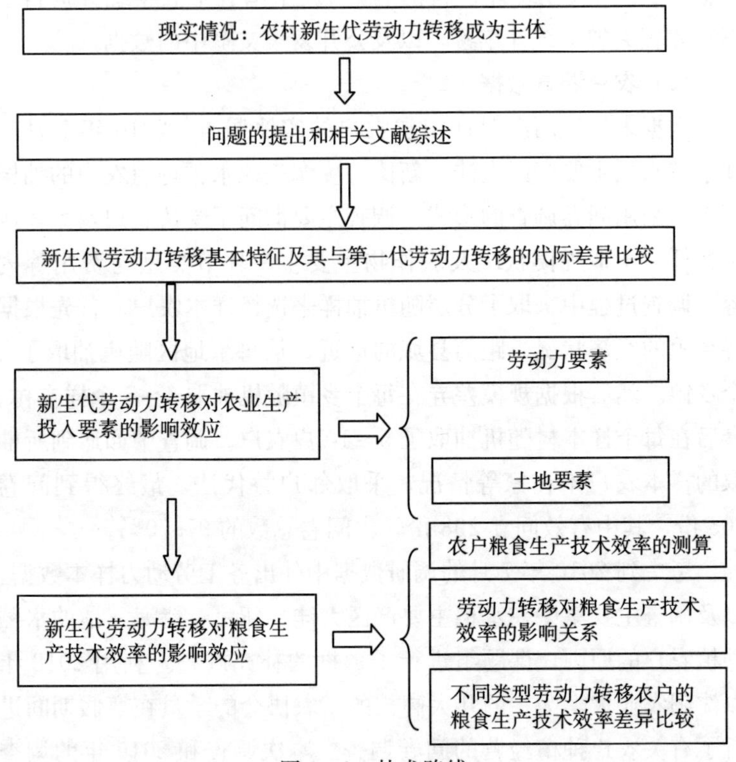

现实情况：农村新生代劳动力转移成为主体
问题的提出和相关文献综述
新生代劳动力转移基本特征及其与第一代劳动力转移的代际差异比较
新生代劳动力转移对农业生产投入要素的影响效应
劳动力要素
土地要素
新生代劳动力转移对粮食生产技术效率的影响效应
农户粮食生产技术效率的测算
劳动力转移对粮食生产技术效率的影响关系
不同类型劳动力转移农户的粮食生产技术效率差异比较

图1-1　技术路线

2 相关文献回顾

中国的劳动力流动管制逐渐放开的近 30 年来，农村劳动力转移已成为一种相当普遍的现象，城乡流动大军占据了主流，到目前为止，我国的农民工群体已经高达两亿人以上，农民工问题的直接利害关系人实际上已占全国总人口的近 40%（郑功成，2006)。经过 30 多年的改革发展，农村转移的劳动力这一主体除数量大幅增长外，其内部也产生了较大的分化，已不再是一个高度同质的群体，其代际转换时期已经到来。据国家人口计生委发布的《中国流动人口发展报告 2012》，2011 年我国流动人口总量已接近 2.3 亿人，流动人口平均年龄约 29 岁，“80 后”新生代农民工占到劳动年龄（15～59 年）农民工的 44.84%，新生代农民工已成为农民工群体的主体。伴随劳动力转移的代际转换，新生代农民工主体出现的新情况、新问题，对这一领域的研究就有着充分的必要性和重要性，且具有前瞻性。

农村劳动力转移问题从改革开放的初期开始进入学术研究的视野之后，已逐渐成为农业经济的一个研究热点。目前，关于农村劳动力转移或者“农民工”存在着大量的研究文献。学术界对农村劳动力转移这一问题的研究主要集中在如下几个专题：农村转移劳动力的基本特征、农村劳动力转移的影响因素分析、农村劳动力转移对流入地的影响、农村劳动力转移对流出地的影响，以及对新生代农民工的研究。

2.1 农民工及新生代农民工的概念界定

2.1.1 农民工

1984年中国社会科学院张雨林教授在《社会学通讯》上发表的一篇论文中首次提出"农民工"一词，随后被社会各界广泛使用。随着农民工数量增加，对经济发展影响作用的深化，学术界对农民工进行了广泛深入地研究，学者从不同的角度对农民工进行了界定。陆学艺、张厚义（1989）从社会学角度，以职业为标准把农民划分为8个阶层，其中农民工阶层是指常年或大部分时间在国有和集体等企事业单位里，从事第二、第三产业劳动，但户籍在农村，家中还有承包田，不吃国家供应的平价粮，不享受城镇居民的各种补贴和种种劳保待遇的群体，并将这一阶层分为离土离乡和离土不离乡两大类。沈立人（2005）从双重属性角度对农民工进行了界定，认为农民工无论"农民＋工"或"农＋民工"，均不同程度地兼有两种身份和双重角色，并且以"农"为起点、以"工"为归宿，是过渡期的特有现象。国务院研究室课题组（2006）从我国经济社会转型期的独特性对农民工进行定义：农民工是我国经济社会转型时期的特殊概念，是指户籍身份还是农民、有承包土地，但主要从事非农产业、以工资为主要收入来源的人员。郑英隆（2007）从劳动经济学角度认为农民工应从劳动性质、劳动力来源和劳动行为的利益动因三个层面进行界定：从劳动的性质看，农民工是带着农民身份进入工商企业，接受企业用工制度安排，主要从事非农产业岗位工作的劳动者；从劳动力的来源看，农民工主要来自当今中国农村中"敢闯"、较有文化、较有朝气的"先进生产力"部分；从劳动行为的利益动因看，农民工为收入最大化的追求者，是城乡劳动收入差异的发现者和现实行动者。何美金、郑英隆（2007）也从工业经济史的角度将农民工看作为农业劳动向工业劳动转化过程中的劳动者形态。

2.1.2 新生代农民工

随着工业化进程的加快，农民工的数量急剧增加的同时，农民工的内部也产生了较大的分化，已不再是一个高度同质的群体。学术界主要从两个层面对农民工群体的内部分化进行研究：一是基于农民工内部不同的经济地位、社会声望等方面的垂直分化；二是基于不同年龄段的农民工各自的特征、行为决策等方面的代际分化。新生代农民正是基于农民工内部代际分化研究的主体。

王春光研究员（2001）认为农村流动人口已经出现代际间的变化，不仅在流动动机上存在着很大的差别，而且在许多的社会特征上也差异明显，从而提出了“新生代农村流动人口”的概念。从社会学角度出发，认为其有两层含义：一层含义是他们的年龄在 25 岁以下、于 20 世纪 90 年代外出务工经商、与第一代农村流动人口在社会阅历上有着明显的差别；另一层含义就是他们不是第二代农村流动人口，而是介于第一代与第二代之间过渡性的农村流动人口。刘传江、徐建玲（2006）则基于两代农民工在社会经济背景以及各自文化、观念及行为上的差异，从人口学和经济学视角出发提出了“第二代农民工”的概念，认为第二代农民工是相对于改革开放后于 20 世纪 80 年代中期到 90 年代中期从农业和农村中流出并进入非农产业就业的第一代农民工而言的，具体指的是 1980 年以后出生、20 世纪 90 年代后期开始进入城市打工的农民工。《中国新生代农民工发展状况及代际对比研究报告》（2007）用年龄作为划分的标准，将新生代农民工定义为 1980 年以后出生的、16 周岁以上的青年农民工，新生代农民工也俗称第二代农民工、“80 后”农民工。虽然学者在对新生代农民工的界定上存在着差异，但绝大部分学者认为新生代农民工是出生在20世纪80年代后，以“三高一低”——受教育程度高、职业期望值高、物质和精神享受要求高、工作耐受力低为特征的城市务工农民（钱入磊，2007）。

2.2 农村转移劳动力的基本特征

农村劳动力转移这一问题研究的起点就是对转移的劳动力的基本特征进行研究。20世纪90年代以来，大量文献对农村转移的劳动力基本特征这一问题进行了关注，资料比较充分，学术界也基本上达成了共识。转移劳动力的个人特征主要是从年龄结构、性别、婚育状况和受教育程度等方面进行研究。在年龄结构上，青壮年占绝对优势，女性的平均年龄低于男性（劳动和社会保障部农村劳动力就业与流动研究课题组，1999），省际人口迁移在很大程度上表现为年轻劳动者外出打工，年龄分布高度集中于20～30岁组（王桂新，刘建波，2007）；性别上，女性的转移概率比男性低7%（赵耀辉，1997）；婚育状况方面，已婚的劳动力更不乐意转移（赵耀辉，1999；朱农，2002）；在受教育程度上，外出者的教育程度明显高于非外出者（杜鹰等，1997；赵树凯，1998）。农村转移劳动力的主体主要是受过教育的年轻人，其中婚姻离异和孤寡妇女流向城镇的概率更高（Detang - Dessendre et al，2008）。从劳动力转移的方式和流动方向上看，一般存在着三种主要的转移方式，分别是向当地非农产业（主要为乡镇企业）转移、向省内城镇转移、省际跨区域转移（蔡昉等，2000；农业部课题组，2000；王光栋，李余华，2004）；流入地主要集中在东部沿海地带的各省市，而流出地主要是沿海省市的内陆邻省和中部省份（李培林，2003；何英华，2004）。从劳动力转移外出务工的行业和职业分布上，建筑业、制造业、饮食服务业、运输业和其他服务业是农村劳动力转移的主要行业，占据外出务工劳动力的大部分比例（Hare，1999；何英华，2004；胡枫，2007），劳动和社会保障部培训就业司和国家统计局农调总队（2000）的劳动力专项调查也得到了相似的结论。对农村转移劳动力基本特征的充分研究，不仅让人获得了对转移劳动力这一群体的概括性认识，同时也为其他专题性研究奠定了基础。

2.3 农村转移劳动力的影响因素

2.3.1 家庭和个人特征因素

以年龄、性别、婚育状态和受教育程度为主的个人特征对劳动力转移有着重要的影响。此外以家庭劳动力数量及未成年子女数量、人均所拥有的耕地面积、家庭所拥有的生产资料、家庭财富状况等为主的家庭特征也影响着劳动力转移的决策。研究发现，一般总劳动力多、人均拥有耕地面积数少、未成年子女数量少的家庭，更倾向于外出务工（中国农村劳动力流动课题组，1997；张晓辉等，1999；Zhao，1999a；Zhao，2001b；Rozelle等，1999；Du，Park，Wang，2004）。家庭的资源禀赋与劳动力转移倾向呈倒U形关系，且该拐点非常接近贫困标准（Du，Park，Wang，2004）。

2.3.2 城乡收入差距和区域不平衡发展

目前，我国农村劳动力转移主要以省内就近转移和跨省异地转移两类同时并存为特征，并倾向于跨省转移。劳动力转移的流出地主要为中西部地区的省份，而流入地主要是东部沿海地区，长三角和珠三角地区更是流入的集中地。城乡收入差距和区域经济不平衡发展就是这种劳动力转移特征的一个重要的拉动力（高国力，1995；外来务工农民课题组，1995；蔡昉，1996；张勇，

2004)。劳动力转移的流出地和流入地之间的预期收入、产业结构、教育程度、人口分布、迁移成本方面的差异，以及是否处于同一经济带，对省际劳动力迁移有显著影响（肖群鹰，刘慧君，2007)。对于劳动力转移流动的集中地长江三角洲与珠江三角洲地区的分析发现，两地对农村劳动力所作出转移决策的吸引力不同，珠三角地区几乎完全表现为经济吸引力，而长三角地区则表现出较强的社会吸引力，这与两地区的经济结构、产业模式有密切关系（王桂新，刘建波，2007)。

2.3.3 制度因素

(1) 户籍制度

户籍制度是影响农村劳动力流动最本原性的制度安排，户籍制度及与其相关的一系列政策壁垒造成的流动农民工的边缘化问题是这一领域研究的重中之重（张永丽，黄祖辉，2008)。众多学者就此问题开展了广泛深入的研究。不少学者认为户籍制度已成为其他许多歧视农村劳动力的制度根源所在（Zhao，1999a；Cai，2003；Hu，2002)，也是农村劳动力无法获得城市永久居住权和稳定就业权，进而形成循环流动的重要原因（杜鹰等，1997；张车伟等，2002；蔡昉等，2003；李强，2003)，外来的农民工与城市当地劳动力者之间每小时工资差异的43%是由于户籍制度和其他歧视所导致（王美艳，2005)。Shi，Sicular和Zhao（2002）利用1997年中国健康营养调查的数据，经研究认为城乡收入差异的77%左右可以由户籍制度及相关分配制度所致的城乡分割因素所解释。此外，户籍制度和农村土地产权制度使得城乡户口相对价值发生变化，推拉理论促使中国出现特殊的“非转农”现象（黄少安等，2007)。

(2) 农村土地制度

土地对于中国农村劳动力转移者来说具有最后保障和束缚其

转移的双重作用。早期的研究是从土地所有权无法自由流动方面展开分析。在联产承包责任制下，农民只有土地使用权而没有所有权，且土地使用权无法自由流动，其离开农村放弃土地所导致的损失大致等于未来农业收入流的折现。因此，农民会将家庭部分劳动力用于农业生产，另一部分则可能外出务工用于非农业活动以获取更高的收入（Yang，1997；Yang 和 Zhou，1999；Kung，2002)。近几年来，更多的研究是从土地流转方面进行了探讨。目前，土地流转在我国农村地区很普遍，土地流转的参与者很大比例是外出进城务工者或者全家迁住城市的农民。而土地流转形式包括转包、转让、出租和入股等多种形式，以及重庆新出现“股田制”做法（李成贵，2007)。从已有文献看，农村劳动力转移是中国土地流转的推动力；但反过来土地流转则未必推动农村劳动力转移，其中还有多重因素起作用。

(3) 农民工社会保障与子女教育制度

近年来，农民工社会保障和其子女教育问题已经引起社会的普遍关注。目前，现行的各种社会保障制度基本上仍然是以户籍制度为基础，对于流入城市农民工的社会保障基本上没有考虑到，农民工为城市建设做出了很大的贡献，但却被排除在社会财富再分配的体系之外，难以和城市居民获得同样的养老、医疗、子女教育等各项社会保障待遇，仍然难以融入城市（李强，2001；刘传江等，2004)。有研究显示，流动工人及其家庭成员的健康状况、流动工人的抵抗风险能力、就业的正规化程度及组织程度对医疗保险的覆盖率有显著影响，而工作环境的安全性对医疗保险的覆盖率没有显著影响（王震，2006)。总之，现在已认识到农村劳动力转移不仅仅是一个学术问题，更是一个政策性问题，消除城乡体制和制度差异，建立公平、开放、统一的农村劳动力市场，成为大多数研究的落脚点（张永丽，黄祖辉，2008)。

2.4 农村劳动力转移对流入地城市的影响

农村劳动力转移对流入地的影响集中表现在劳动力转移对流入地的经济、社会效应等方面。对于农村劳动力转移给流入地带来的经济效应学术界给予了肯定，认为通过农村劳动力转移极大改善了劳动力资源再配置效率，大力推动了中国经济的增长（蔡昉，王德文，1999；潘文卿，1999；刘秀梅，田维明，2005）。世界银行（1997）估计，1980—1997年的中国经济增长中，农村劳动力部门转移的贡献率占16%。有研究认为，中国人口的省际流动是推动中国东部地区经济发展的重要因素，对东部地区GDP增长的贡献率达到了15%（王桂新，2005）。但农村劳动力的单向流动则加剧了东西部地区产业聚集的非均衡和区域发展的不平衡，虽然农村劳动力对流入地经济增长的边际产出水平是下降的，但其贡献率仍然保持在较高的水平上（刘乃全，2005）。

劳动力转移对流入的社会效应的研究集中在农民工与流入地的城市社会的冲突和融合等方面，且存在着一些争议。作为流入地的城镇（特别是大城市）当地政府对“进城农村劳动力增加显著提高了城镇失业”这一假说持赞成态度（Solinger，1999；蔡昉等，2001；Knight，Yueh，2004）。但更多的学者认为进城农村劳动力与城镇劳动力之间并不存在明显的替代或竞争关系，更多的可能表现为互补关系，因为城镇劳动力市场是“分割”的，两类劳动力分布于不同的行业或职业，从事不同性质的工作（Knight 等，1999；王桂新，沈建法，2001；Meng，Zhang，2001；王德文等，2004；Guo，Iredale，2004）。此外，社会学界就劳动力转移是否会引发城市贫困、犯罪、社会不稳定等问题进行了研究。有研究认为，由于社会分层等原因，进城农民工存在很强的被歧视感和被剥夺感，这种感觉如引导不当则可能形成反社会情绪并导致行为失范，从而引发一系列社会问题（李强，1995；李汉林，2003）。

2.5 农村劳动力转移对流出地农村的影响

农村劳动力转移究竟是促进还是会削弱当地的发展是20世纪90年代国内外学术界争论的一个焦点问题。大多数文献都持肯定的观点，即农村劳动力转移促进了农民收入的提高，缩小了城乡差距，长期来随着劳动力流动性的提高必然导致收入收敛于稳态（贺秋硕，2005）。农村劳动力的大规模转移，为劳动力流出地带来了大量汇款，这些汇款甚至超过了当地的财政收入。农民工的打工收入、农村老家的非汇款收入、农村老家的耕地数量以及农民工的年龄对汇款量具有显著的正向影响，而农民工的转移成本、是否全家一起外出打工、是否有失业经历以及是否接受过大学教育对汇款量具有显著的负向影响（胡枫，王其文，2007）。由于外出劳动力存在着资金对劳动力的替代，劳动力转移并不必然对农业生产带来影响，同时由于收入效应和减贫效应明显，农村劳动力流动从根本上促进了农村社会的稳定（中共中央政策研究室农村组，1994；赵树凯，1998；都阳等，2003；马忠东等，2004）。也有文献从微观层面探讨，将村落之间的平衡和劳动力转移联系起来研究，以陕西石门村为个案探讨了农民工对村落社会变迁的影响，研究表明在石门村这样的传统村落，农民工的务工经历对于村落的经济影响非常明显，而在其他方面，如村落社会结构、习俗、农业生产等都不具有明显的影响作用（张红，2008）。

但也有部分学者认为农村劳动力的大量转移外流，尤其是大量青壮年和受教育水平较高的劳动力转移，造成了农村“精英流失”（黄平，1997；石磊，2005），也是导致土地抛荒和忽视农业生产等现象出现的原因，在一定程度上加速了农业劳动力妇女化和老龄化趋势，使农业劳动力整体素质下降（曾绍阳等，2004）。白南生等（2007）认为，成年子女外出务工加重了农村老人的农业劳动负担，而现金转移的间接效应则降低老人农业参与率，两者的综合效果表明，子女外出务工提高了农村老人农业参与率。李旻、赵连阁（2010）对辽宁省农业劳动力老龄化的程度和速度进行了测定，并对农村劳动力流动对农业劳动力老龄化形成的影响进行了实证分析，结果发现农村劳动力流动加剧了农业劳动力的老龄化趋势。高小贤（1994）从研究劳动力转移的性别差异入手，分析女性非农转移的现状、滞后的原因，重点在于指出了农业女性化给妇女自身发展带来的负面影响。孙秋、周丕东（2008）认为农业女性化是指在农业剩余劳动力向非农行业转移过程中女性劳动力非农化转移滞后于男性，妇女逐渐成为农业生产的主要劳动力的现象。张凤华（2005）也从劳动力转移次序上进行了研究，指出家庭对劳动力转移次序的决策是依据了“先男后女、先长后幼、先内后外”的父权制潜规则，一方面制度变迁使得农民流动中的性别分化成为可能，另一方面市场经济下的“经济人”理性又为劳动力转移中性别先后次序的确立提供了依据。李旻、赵连阁（2009）利用辽宁省农调队2003—2006年4年的固定农户连续跟踪调查数据，对辽宁省农业劳动力“女性化”现象及其对农业生产的影响进行了实证分析，结果发现辽宁省农业劳动力“女性化”已经成为一个不争的事实，同时，农业劳动力“女性化”不利于农业生产的发展。何军、李庆、张姝弛（2010）以农业家庭的性别分工为理论基础，通过描述统计和计量分析，揭示了包括年龄、文化程度、地区、收入和农业生产决策权等在内的自变量对农村女性从事的农业生产比重的影响。结果显示，农业女性化的现象在江苏省具有普遍性；农业女性化现象具有一定的刚性，男性劳动力“回流”以及男性劳动力外出打工时间的长短，并不能显著影响女性从事劳动生产的比重；女性在农业生产诸方面的决策逐渐占据主导地位，女性正在成为农业生产的主体。

此外，大量农村劳动力的转移外流，给农村治理、婚姻家庭和农村养老等带来了巨大的冲击，留守儿童和留守老人问题也已受到关注，成为近年来研究的热点问题。

2.6 新生代劳动力转移的相关研究

随着新生代农民工数量的增加，在经济生活中作用的增强，学术界对劳动力转移的代际转换过程中的新生代农民工这一领域进行了广泛的关注，2010 年中央 1 号文件中提出采取有针对性的措施，着力解决新生代农民工问题，其已成为中国农村劳动力转移问题研究的一个新的热点和焦点。而新生代农民工未来的发展和归属究竟怎样，这关系到中国和谐可持续发展的大事，已引起了社会各界的广泛关注和研究讨论。中国青少年研究中心青年成才研究所所长刘俊彦认为，新生代农民工的最终归属是产业工人、市民，而不是农民。因此，新生代农民工的市民化研究是新生代农民问题研究的重点和关键，大量的文献对此问题进行了广泛的关注和探讨。

2.6.1 新生代农民工的基本特征及其生存状态调查

新生代农民工问题研究的起点和基础就是通过第一代农民工与新生代农民工的代际差异比较分析来阐述新生代农民工的基本特征。近几年来，社会各界对有着 1 亿多中国新生代农民工这一庞大的社会群体进行了大量的社会调查，研究的资料和文献比较丰富，对新生代农民工的基本特征形成了一定的共识。研究结论表明，就新生代农民工的个体特征而言，其年龄相对较小，平均年龄只有 22.99 岁（王春光，2003）；就婚育状况而言，新生代农民工大部分是未婚；在性别上，新生代农民工的性别选择效应逐步削弱，男性的比重下降，女性所占比重显著提高；新生代农民工比第一代农民工接受了更多的学校教育，绝大部分是初中及以上学历，文化及专业素质起点高，同时其可持续发展的意愿比第一代农民工更为强烈，对文化知识、专业知识有着极强的探求欲和积极的进取精神，对知识和业务的学习所花的时间、费用更多，其人力资本的潜力较大；在务农经历上，新生代农民工大多是从校门直接走上外出务工经商的道路，务农的时间和经验少，有的甚至连基本的务农常识都不具备，新生代农民工是属于不务农的一代农民（王春光，2003；成艾华等，2005；王国信，2008；杜书云等，2008；周可等，2009；浙江民工调查报告，2011）。就新生代农民的社会群体特征而言，新生代农民工群体规模庞大，总量上超过了 1 亿人，占据了农民工总量的大部分；新生代农民工外出务工经商的首要动因已不再是“挣钱结婚和盖房”，而转变成“见世面”和“学本事”了，也就是说实现了从经济型转到经济型和生活型并存或者生活型的转变了[①]（王春光，2003）；在职业分布上，主要集中分布于职业队列末端，如产业工人、商业人员、服务人员及农业劳动者，行业上第一位的是制造业，其他依次是批发和零售贸易，餐饮业、建筑业，社会服务业等，新生代农民工对工作的劳动环境和条件要求比第一代农民工有一定提高（成艾华等，2005）；在未来发展意愿上，新生代农民工更倾向于将外出打工看做是人力资本和社会资本的积累过程并借此来谋求非农职业转化（悦中山等，2009）；在消费

① 根据王春光的解释，所谓经济型，是指外出务工经商的目的和动机纯粹是为了赚钱，以贴补家用；而生活型指外出主要是为了改变生活状况和追求城市生活或现代化生活方式；经济型和生活型并存就是同等地看待它们的作用、意义和重要性。

水平上，新生代农民工无论是消费的观念还是消费行为上都在悄然与城市居民趋同（王国信，2008）；新生代农民工的维权意识、法律意识相对较强，自我保护的能力也有所提高，但仍缺乏话语权与权益维护机制（杜书云等，2008）。

新生代农民工这一社会群体的生存状态也有学者进行了针对性的调查。钱入磊（2007）从收入情况、居住状况、饮食状况、是否拥有移动通讯工具、闲暇活动、生活感受、是否享有社会保障、社会福利、医疗问题等八个方面对新生代农民工的状态进行了调查。符平（2006）以田野的调查资料为基础，从新生代农民工生命历程中“漂泊”特征及其存在遭遇的抗争来探讨其生存状态，认为新生代农民工有意或无意地表现出超越自身先赋性社会地位的渴求，向往城市生活，很难有落叶归根的打算和想法，尽管他们在努力避免复制其父辈的生活方式，争取实现社会流动，但同时，他们在城市里又居无定所，漂泊变动，不过是“漂泊”在城市社会里游离的主体；一旦他们的权益遭遇到侵害时，他们可能会采取三种类型的抗争活动，其中之一的越轨和犯罪行为则是其为改变弱势地位或控诉社会不公德一种极端的抗争方式。城乡二元结构、歧视性的制度和政策以及城市居民的文化排斥，很容易让新生代农民在城市产生二等公民的体验和认知。

到目前为止，关于新生代农民工群体的特征研究是比较充分的，通过调研对新生代农民工与第一代农民工的代际差异比较分析，使人们对新生代农民工这一社会群体的特征及生存状态有了概括性的认识，为新生代农民工领域的其他问题研究奠定了基础。

2.6.2 新生代农民工的身份认同研究

新生代农民工由于其受教育程度、职业期望值、对物质和精神享受的要求均远远高于第一代农民工，且受城市文化影响较大，对城市的向往，渴望成为城市人，被认同和融入城市已经成为主要目标之一，但是制度上的壁垒等使得他们融入城市的过程相对艰辛，新生代农民工的实际身份与制度性身份已经出现了错位现象（王春光，1995）。在新生代农民工融入城市的过程中，他们的身份认同问题已成为关键之处。

陈映芳（2005）从制度背景上分析了农民工制度被维持的原因。新生代农民工的身份认同问题一般是从自我认同、社区认同和乡土认同等方面开展研究。已有的研究结论表明，新生代农民工存在着农民身份认可的模糊化、不确定现象，对农民的制度性身份的认可在减弱，更偏重于认可农民的社会性身份，赋予农民更多的社会经济含义，同时大部分的新生代农民工渴望改变其农民身份；新生代农民工对社区的认同方面，不论是在流入地社会的交际活动、对流入地社会的感受、在流入地社会的组织参与和认同，还是与流入地政府管理部门的关系与感受等多方面来衡量，新生代农民工的社区认同或者是对城市的归属感总体上比第一代农民工更强烈，但仍不具确定性，更具游移的特征；新生代农民工的乡土认同在减弱，仍具有一定的家乡归属感，但对家乡的归属感更多地系于与亲人的情感，而对家乡其他方面的依恋在减少，对未来归属的选择方面更可能是选择“候鸟式”的生活方式（王春光，2003；魏晨，2006；方小教，2010）。也有学者对新生代农民工身份认同的影响因素进行了实证分析，研究结论表明，反映乡土记忆的务农经历，反映城市经历的经济地位、闲暇活动、与市民交往的情况等，反映发展预期的留城意愿、是否愿意拥有城市户口、理想职业等对新生代农民工的身份认同有显著影响（殷娟等，2009）。

总之，新生代农民工无法对自身身份进行明确定位，身份认同模糊化倾向十分突出，更倾向于身份认同的城市性方面，与城市的融合度也比第一代农民工强烈得多。此外，新生代农民工转化身份的主动性也更强，对新身份的期望也更强，但是依然受着身份歧视，存在着认同危机。

2.6.3 新生代农民工的城市适应性研究

新生代农民工由于其在自身文化素质、职业期望和物质精神享受等方面具有的三高特征，从而对其自身的身份认同更倾向于城市性方面，那么新生代农民工进入城市务工经商后首要面临的就是怎么融入城市，即城市适应首当其冲成为一个不可回避的问题（符平，2006）。王春光（2010）从社会心理、日常生活行动和制度等3个层面，将新生代农民工的城市融合状况概括为“半城市化”现象或问题。杨昕（2008）对新生代与上一代农民工的城市融入状况进行了比较，结果认为没有证据表明，新生代农民工融入城市的主动性更强、可能性更高，恰恰相反，他们似乎表现出比老一代更谨慎的与流入地居民、社区的交往态度。新生代农民工的“半城市化”状态仍很明显，与老一代相比没有显著差别。李伟东（2009）研究新生代农民工的城市适应性也存在“半城市化”现象。但存在着与之相反的观点，周明宝（2004）认为，与第一代农民工相比，第二代农民工在城市融入方面保持着积极的态度，即他们的城市融入过程基本上是主动和自觉的，他们的城市适应表现为谋求一种与城市的积极共存。有学者对新生代女性农民工的城市融入主动策略进行了研究（孙朝阳，2009；康绍霞，2009）。

学术界对于农民工的城市适应问题的理论和经验研究相对不少，如基于现代化视角、基于社会化视角、基于农民工—城市居民互动关系的视角、基于社会网络和社会资本的视角等理论进行了研究，但大多是对一般农民工的城市适应问题进行研究，具体针对新生代农民工这一社会群体的则不是很丰富。符平（2006，2009）从实践社会学的视角进行研究，发现新生代农民工适应城市的实践受到乡土世界、想象世界、城市世界和实践世界等相互关联、相互作用的“四个世界”的影响，其形态和逻辑被四个世界型塑，其通过实践性习惯的生产与再生产方式，来寻求一种界定并表达自身身份的社会适应性。对于新生代农民工的大多数而言，他们经过多年的城市生活所获得的实践性足以应付城市的一般生活和工作，并不一定需要获得现代性来适应、融入城市；乡土性在其生活中仍然发挥着较大的路径依赖作用，获得一些现代性特征并不意味着他们就能适应、融入城市，青年农民工实践世界里诸多冲突关系和限制因素直接导致他们难以适应和融入城市。在此基础上，进一步从定量的分析角度研究了新生代农民工的若干群体特征和行为表现。

从社会关系网络构建的视角对新生代农民工的城市适应进行了研究，结论认为：新生代农民工由于远离了乡土的熟人社会，以血缘、亲缘关系建立起来的长期、稳定的社会网络逐渐被瞬间的、不稳定的工作关系所取代，从而其在社会现实中易处于底层和弱势地位，不利于其融入和适应城市，应通过政府、组织和个人三方面的共同努力构建新生代农民工的社会网络，以便其更好地适应城市（陶菁，2009）。

还有从社会距离[①]的视角下探讨新生代农民的城市适应问题。郭星华等（2004）的研究结论表明，新生代农民工与城市居民的社会距离正在逐步增大，他们缺乏主动介入城市生活的积极性，并且感觉与城市生活和城市居民之间的关系日趋隔离，社会距离的增大使得新生代农民工群体自愿选择结成自己的社群网络，并以此与城市生活产生隔离。许传新等（2007）通过实际抽

---

① 社会距离，郭星华等人将农民工与城市居民社会距离分解成向往程度、排斥预期和整体感觉三个层面；许传新等将之定义为存在于新生代农民工心理空间中的、在与城市居民互动过程中产生的心理距离，并从交往状态、交往意愿、接纳预期三个维度进行测量。

样调查对新生代农民工与城市居民的社会距离状况进行分析，并对其影响因素进行研究，结论发现，新生代农民工还没有完全融入城市居民的生活圈，存在着一定的社会隔离，进一步的回归分析结果表明，性别、是否独生子女、城市生活体验、社区参与程度、相对剥夺感等对其与城市居民的社会距离感有显著性影响。

2.6.4 新生代农民工的市民化研究

数以亿计的新生代农民工这一庞大的社会群体常住城市工作、生活而不能转变为城市居民是中国城市化进程中特有的现象[①]。新生代农民工未来的发展和归属究竟怎样，这关系到中国和谐可持续发展的大事，已引起了社会各界的广泛关注和研究讨论。中国青少年研究中心青年成才研究所所长刘俊彦认为，新生代农民工的最终归属是产业工人、市民而不是农民。

(1) 农民工市民化的界定

农民工市民化的概念有狭义和广义之分。狭义的“市民化”可以指农民、外来移民（城市农民工）等获得作为城市居民的身份和权利的过程，如居留权、选举权、受教育权、社会福利保障等，在中国，它首先涉及的是所在地的城市户口。这些都可以被认为是国家、政府相关联的技术层面上的市民化过程（陈映芳，2003；马用浩等，2006）。广义的“市民化”指在我国现代化建设过程中，借助于工业化和城市化的推动，使现有的传统农民在身份、地位、价值观、社会权利以及生产生活方式等各方面全面向城市市民的转化，以实现城市文明的社会变迁过程。这些是与国家、政府相对应的社会文化层面上的农民市民化过程（文军，

① 王春光把这一中国特有的城市化现象称为“半城市化”，并把“半城市化”农民工的特征概括为三点：非正规就业和发展能力的弱化、居住边缘化和生活“孤岛化”与社会认同的“内卷化”。

2004)。学者多数赞同完整的农民工市民化应是广义层面上的市民化，其内涵应具体体现在生存职业、社会身份、自身素质以及意识行为四个层面，即农民工职业由非正规就业的农民工转变成正规就业的非农产业工人，社会身份由农民转变成市民，农民工自身素质提高，其意识形态、生活方式和行为方式的城市化（刘传江，程建林，2008)。新生代农民工市民化，则是针对新生代农民工这一主体的市民化。王艳华（2007）认为新生代农民工市民化是指20世纪80年代后出生的农民工在城市实现向城市市民转化的过程。

(2) 农民工市民化水平的测定

目前，我国新生代农民工这一庞大的社会群体的市民化程度如何，采取什么的方法和指标体系进行测定，是新生代农民工市民化研究的难点和重点。这个问题的研究文献相比于新生代农民工其他问题研究的文献是很不充分的。构建一套全面、准确测定新生代农民工市民化程度的指标体系相对比较困难。

刘传江、程建林（2008）构建了一个包括外部制度因素、农民工群体市民化进程和农民工个体市民化进程三部分在内的指标体系来对农民工市民化进程进行了实际测算，结果发现，虽然两代农民工收入水平相似，但是第二代农民工市民化意愿远高于第一代农民工，从而使得第二代农民工市民化率为50.23%，而第一代农民工市民化率仅为31.30%。并界定第一代农民工处于市民化的初级阶段（或低市民化进程阶段)，而第二代农民工则处于市民化的中间阶段（或中市民化进程阶段)，认为目前第二代农民工在市民化的过程中仍面临着许多障碍，其市民化进程可谓任重道远。但该测度方法在之后的文献中被认为缺乏说服力，被质疑之处甚多。

王桂新等（2008）则从农民工距离城市居民还有多近、水平已经有多高这一视角，从反映物质方面的居住条件、经济生活的两个纬度和反映非物质方面的社会关系、政治参与和心理认同等3个维度全面考察我国目前城市化过程中农民工市民化的特征，并通过上述5个纬度，选用适当指标，建立评价指标系统，对城市农民工的市民化程度作出系统的定量评价。结果表明，尽管由于户籍制度等二元社会体制的制约，但农民工的市民化仍在不断进展，并已达到较高的水平。如上海的农民工已约有6成达到或超过了“半”市民化的水平。从不同维度考察，城市农民工的市民化以居住条件的市民化水平最高，其次是经济生活、社会融合与心理认同的市民化程度，而政治参与维度的市民化的水平最低。农民工在不同维度市民化的进展很不平衡，不同水平的分布也存在明显差异。进一步探析了受户籍制度为基础的二元社会体制、城乡差异和区域特征等宏观因素，微观包括个人属性因素和个人行为因素在内的个人因素、迁居城市居民因素对城市农民工市民化的影响和作用，并通过统计分析和回归分析解析各因素对城市农民工市民化进展影响程度的大小，从而从一个侧面探讨和揭示中国不完全、非正规城市化发展的独特性、阶段性与规律性。刘传江等（2009）采用层次分析法，分别从生存职业、社会身份、自身素质、意识行为四个方面设计指标体系，通过专家赋值测得各个指标的权重分别为0.558、0.258、0.096、0.096，这避免了王桂新等（2008）各个指标权重均等的缺陷。他们测得新生代农民工的市民化程度为45.53%，第一代农民工的市民化程度为42.03%，并利用模糊综合评价方法对农民工市民化程度进行了评价。

周密、张广胜、黄利（2012）运用调研数据，采用需求可识别的Biprobit模型，测度出了沈阳和余姚地区新生代农民工市民化程度，并采用Oaxaca分解的方法，分析了影响新生代农民工市民化程度差异的因素。研究发现，职业阶层的回报差异是影响新生代农民工市民化程度差异的重要因素，而受教育程度与职业阶层密切相关。

目前，新生代农民工的市民化程度的测算研究还处于初期阶段，研究还很薄弱，全国范围内新生代农民工市民化程度如何？怎么选择更客观的指标评价体系来测定其市民化水平？哪些因素在多大程度上影响不同地区、不同类型新生代农民工的市民化？推进新生代农民工市民化政府、社会结构、个人等不同层面的宏观和微观主体应各自采取怎样的对策？这些问题都有待进一步深入的开展理论和经验的研究。

2.6.5 新生代农民工的婚育问题研究

（1）新生代农民工婚恋问题的研究

国内对农民工婚姻家庭的研究最早开始于陈印陶（1997）对打工妹婚恋观念的研究。在随后的研究文献中，比较有代表性的是风笑天（2006），他从整体出发提出了农民工婚姻家庭问题研究的必要性、意义以及应进行重点研究的方向和领域。关于新生代农民工婚姻家庭问题的研究主要从以下几个方面进行探讨：

新生代农民工婚姻家庭观念研究（潘永，朱传耿，2007；罗建英等，2008；刘淑华，2008；徐朝光，2009；吴新慧，2011）。这些学者的研究表明，新生代农民工由于教育水平、外出务工经历使得他们婚恋观既不同于世世代代生活在农村的农民，又不同于市民，他们的思想更接近城市居民的婚恋观，却又没有完全脱离农村的传统思想。他们的婚恋观念处在传统向现代转变的过程中。外出就业的流动经历对新生代农民工的婚恋行为有着深刻的影响，但社会流动的特点也决定了新生代农民工在很大程度上只能采取传统的婚恋方式。新生代农民工婚姻状况进行研究（吴银涛，胡珍，2007；肖和平，胡珍，2008；周伟文，侯建华，2010；尹子文，2010；宋月萍，张龙龙，段成荣，2012）。这些研究表明，与第一代农民工相比，新生代农民工初婚年龄出现往后推移趋势，通婚圈日益扩展，未婚农民工对配偶地域要求具有多元化特征（曹锐，2010），新生代农民工婚姻行为呈现出新特征，但是也存在择偶困难、婚姻不稳定、婚前性行为导致生殖健康风险提高和妇女权益受到威胁等问题。部分学者从个案出发，对新生代农民工一些别具特色的婚姻家庭形式进行了探讨，如同村婚姻（王杰，2007）、返乡相亲（王芳，2011）、早婚现象（吕倩，2012）、“闪婚”现象（陈锋，2012）、跨地区婚姻（李磊，2012）、跨省婚姻（何峰，2011）。也有少数学者对农民工与市民的通婚意愿进行研究（许传新，2006；熊文娟，宫亚坤，2011）、对新生代农民工择偶意愿进行分析（叶文振等，2006）。

（2）新生代农民工生育意愿的研究

庄渝霞（2008）对不同代别农民工生育意愿及其影响因素进行了分析。杜爱萍（2011）以上海市S区S厂为例从传统与现代化的角度来探讨流走于城市和农村的农民工群体在生育问题上的想法和观点，以及通过了解其外出务工年龄、在外打工时间、接触群体等内容，深刻剖析影响农民工群体生育意愿的因素。许传新（2012）利用成都、上海、义乌三个城市较大规模抽样调查结果，对新生代农民工生育意愿及相关因素进行了分析，发现新生代农民工生育意愿正处于传统到现代的过渡中，收入、福利保险的享有及婚姻状况等因素与其生育意愿较为密切，而性别、年龄、文化程度、是否独生子女等因素与其生育意愿的关系不大。

2.6.6 新生代农民工的其他问题研究

对新生代农民工问题的研究还有如下几个方面的内容。对新生代农民工的就业流动状态、原因和结果进行了深入分析（白南生，2008）。对新生代农民工流动史的研究，结果发现频繁的流动和工作更换构成了新生代农民工重要的群体特征，其社会流动总体上来说表现为一种倒U形的轨迹，即前几次流动是垂直的向上流动，但当流动次数达到某个特定的值以后，无论是流入地、职业类型、流动原因还是获得新工作的途径，都呈现出逆向选择或向下流动的特点（符平，2009）。对新生代农民相关权益保障方面的研究，结果发现，尽管新生代农民工的文化素质和法律素质较第一代农民工都有了很大程度的提高，但劳动权益仍得不到保障，主要体现在有劳动无管辖、同工不同酬、工资拖欠克扣严重、社会保障不到位、工作环境差和劳动保护缺失、群体被边缘化等六个方面，并对形成的原因进行了分析，提出了有关的对策建议（李薇莉等，2007；张志胜，2007）。刘博等（2009）对新生代农民工在城市日常生活方式进行了研究，通过个案分析，认为作为社会分层多元化的一种特殊表现，从农村到城市所带来的生活方式的转变在主观与客观双方面上重构了新生代农民工群体的社会阶层地位，一种固定情景化的生活模式正在形成，而情景化的城市社会生活将不可避免地对新生代农民工阶层未来的发展前途与最终社会归属提出严峻的挑战。李长健等（2005）对新生代农民工犯罪行为的基本特征、成因进行了分析，并提出了治理和控制的相关建议。张志胜等（2007）对新生代女性农民工的权利阙如问题进行了分析。余晓敏等（2008）对“新生代打工妹”的独特消费模式进行了研究，探讨“新生代打工妹”的社会身份是如何在国家、资本与社会的合力下，在生产领域被建构成为廉价、卑微、次等的“生产主体”，而打工妹又是怎样在消费领域进行再造，渴望成为更自由、平等、有价值、受尊重的“消费主体”，以及这种生产与消费主体是如何相互建构的。

2.7 结论

纵观已有有关农村劳动力转移的众多文献会发现，农村劳动力转移的相关研究经过了两个不同的阶段。第一阶段是在农村新生代劳动力转移群体没有成为主体前，农村劳动力转移群体是一个高度同质的主体而对其进行的研究。学者从转移劳动力的人口学特征、转移的动机和原因、劳动力转移给流入地城市和流出地乡村所带来的社会经济效应等多方面对劳动力转移问题进行了研究，并取得了丰硕的研究成果。第二阶段是由于劳动力转移群体的代际转换，新生代转移劳动力成为主体而对其进行的相关研究。学者主要从新生代转移劳动力的人口学特征及其与第一代转移劳动力的代际差异、转移的动因、进入城市后的适应性问题、身份认同和市民化等方面进行了研究，取得了一定的研究成果，为今后进一步的研究奠定了坚实的基础。但学术界对由于农民工的代际转化而产生的新生代农民工的认识和研究的时间并不是很长，而新生代农民工又是一个十分庞大的社会群体，其流动是一个长期、负责、动态的过程，与之相伴随的众多问题仍需进一步深入研究。例如，新生代劳动力转移对流出地的社会经济发展问题，尤其是其对粮食生产的影响则没有进行探讨。而这一问题的实证研究，并得到相关的结论，对于促进农村剩余劳动力转移，进一步解决我国“三农”问题，提高农民收入和工业化进程的健康快速发展，都将有着重要作用。

此外，纵观已有关于新生代劳动力转移问题的研究文献，其中相当大一部分是从社会学和人口学的角度进行的调查研究，且由于所采用的资料大多数来自不同地区、不同规模的调查，所得结论存在着一定的差异，只具有一定程度的代表性，从而其研究局限于一般的统计描述和分析，理论研究和经验研究有待进一步提高，经济学角度的研究相对而言较少。因此，新生代劳动力转移问题的研究未来需进一步规范研究的方法，采取多学科交叉、多视角结合的方法，提高研究的规划程度。

3 新生代外出务工劳动力基本特征及其与第一代外出务工劳动力的代际差异分析

从改革开放初期开始，农村劳动力开始大规模进城务工，至今已有 30 年的历史。据统计分析，外出务工的农村劳动力规模不断扩大，截至 2012 年，全国外出务工农民工总量达到 16 336 万人。随着外出务工的农村劳动力数量的大幅增长，其内部结构也产生了分化，外出务工的农村劳动力已不再是一个高度同质的群体。随着 20 世纪 80 年代和 90 年代出生的外出务工的农村新生代劳动力的规模及其占全部外出务工劳动力群体的比重越来越大，在整个经济社会中发挥着越来越大的影响，新生代外出务工劳动力已经成为农民工研究领域的焦点和热点。准确把握新生代外出务工劳动力群体特征及其与第一代外出务工劳动力的代际差异，已经成为制定相关政策的迫切需求。

本章主要通过调研数据，对辽宁省农村新生代外出务工劳动力[①]的基本特征进行分析，并在此基础上进一步探讨其与第一代外出务工劳动力在务工流向地选择、所从事工作的倾向性、汇款金额等方面表现的代际差异。本章的讨论是作为后续第四章农村新生代劳动力转移对农业生产中投入的各要素的影响和第五章分析农村新生代劳动力转移对农业生产技术效率的影响的研究

① 本书将新生代外出务工劳动力界定为 1980 年以后出生的、20 世纪 90 年代后期开始进入城市外出务工的农村劳动力。

基础。

3.1 数据来源和农户的基本特征

3.1.1 数据来源

本研究所采用的数据来自于两次对辽宁省农户的调研数据。2010 年 7 月对辽宁省水稻主要产区大洼、新民、凌海三地水稻种植农户进行抽样调查，采用问卷调查的形式，调查主要包括受访农户及家庭成员特征、土地规模状况及农作物主要生产环节类型与费用等主要内容。调查采取分层随机抽样来选择样本农户。首先根据各乡镇的经济状况、距离县城的远近，从每个地区随机抽取了 4 个乡镇。然后根据规模差异在每个乡镇随机抽取 4～5 个样本村，最后在每个样本村随机抽取了 5～10 户农户。调查中如遇到所抽取的样本农户不在家等情况，则采取邻户替代法。最终得到问卷 305 份，其中有效问卷 298 份，占问卷总数的 97.70%。

考虑到 2010 年 7 月的调研数据中外出务工劳动力样本数据，以及调查主要集中在水稻主要产区大洼、新民、凌海三地的水稻种植农户的原因，课题组进行了数据的补充调查。课题组于 2012 年利用以沈阳农业大学为主的几大高校的三农协会的学员在寒假期间进行了有关农户种植经营的问卷调查。本次调查和 2010 年的调查问卷基本类似，主要询问了农户外出务工和留守务农人员的自身特征、家庭特征及农作物主要生产环节类型与费用等内容。最终得到问卷 210 份，其中有效问卷 203 份，占问卷总数的 96.67%。

3.1.2 农户的基本特征

表 3-1 是对受访农户家庭基本情况做的统计分析。从种植

规模来看，水稻种植户种植面积为 10～20 亩* 的农户占到 37.58%，非水稻种植户种植面积为 5～10 亩的农户占 29.06%，总体而言，水稻种植户的种植规模比非水稻种植户大；从家庭外出务工（3 个月以上）人数分布来看，水稻种植户中无外出务工的农户为 196 户，占 65.77%，外出务工人数为 1 人的农户占 22.82%，非水稻种植户中，无外出务工的农户数为 98 户，占 48.28%，外出务工人数为 1 人的农户占 34.48%；从外出务工者的年龄分布来看，不管是水稻种植户还是非水稻种植户，

表 3-1 受访的农户的家庭的基本特征

单位：户，%

基本特征	水稻种植户		非水稻种植户		基本特征	水稻种植户		非水稻种植户	
	户数	占比	户数	占比		户数	占比	户数	占比
土地数量（亩）					外出务工者的年龄（岁）				
5 以下	24	8.05	65	32.02	小于 30	86	62.32	74	50.58
5～10	90	30.20	59	29.06	30～40	30	21.74	19	13.01
10～20	112	37.58	49	24.14	40～50	12	8.70	38	26.03
20～30	36	12.08	12	5.91	50～60	10	7.25	13	8.90
30 以上	36	12.08	18	8.87	60 以上	0	0	2	1.37
外出务工人数（人）					不同类型劳动力转移的农户（户）				
0	196	65.77	98	48.28	第Ⅰ类	196	65.77	98	48.28
1	68	22.82	70	34.48	第Ⅱ类	60	20.13	42	20.69
2	32	10.74	29	14.29	第Ⅲ类	36	12.08	45	22.17
3	2	0.67	6	2.96	第Ⅳ类	6	2.01	18	8.87

注：土地全部流转使得种植面积为 0 的水稻种植农户有 10 户，非水稻种植农户为 7 户。

* 亩为非法定计量单位，1 亩=1/15 公顷。——编者注

小于30岁的外出务工劳动力最多，50岁以上的所占比例很小。考虑到本书主要是探讨农村新生代劳动力转移对农业生产技术效率的影响，并对比不同时期劳动力转移农户在农业生产技术效率上的差异，因此结合农村的现实状况，将农户分为无劳动力转移农户、新生代劳动力转移农户、第一代劳动力转移农户和第一代、新生代劳动力转移并存的农户四类，分别称为第Ⅰ类农户、第Ⅱ类农户、第Ⅲ类农户和第Ⅳ类农户。从转移劳动力的不同类型分布来看，水稻种植户中第Ⅰ类农户最多，占65.77%，其次是第Ⅱ类农户占20.13%，非水稻种植户中第Ⅰ类、第Ⅱ类、第Ⅲ类和第Ⅳ类农户分别占48.28%、20.69%、22.17%和8.87%。

本章对辽宁省外出务工劳动力的特征分析以两次调研过程中所获取的284名劳动力在2010年外出务工的基本情况为基础来进行讨论。

3.2 样本农户中所有外出务工劳动力的基本特征

3.2.1 性别、年龄和婚姻状况

从性别结构来看，在全部外出务工的284名劳动力中，总体上男性居多，占到总量的73.47%，女性仅占26.53%；从其婚姻状况来看，已婚外出务工劳动力超过一半，占64.44%，未婚者约占1/3；从年龄分布来看，16～30岁的新生代外出务工劳动力数量最多，超过样本总量的一半以上，占56.34%，30～40岁和40～50岁这两个年龄段的外出务工劳动力数量差不多，分别为49人和50人，占17.25%，60岁以上的仅有2人，占0.70%。全部外出务工的劳动力年龄均值为32.58岁，总体上外出务工以青壮年劳动力为主，新生代外出务工劳动力成为主体。

表 3-2 外出务工劳动力的性别、年龄和婚姻状况

单位：人,%

基本特征	人数	占比	基本特征	人数	占比
性别			年龄（岁）		
男	209	73.47	16～30	160	56.34
女	75	26.53	30～40	49	17.25
婚姻状况			40～50	50	17.61
未婚	97	34.15	50～60	23	8.10
已婚	183	64.44	大于 60	2	0.70
离婚	2	0.70	平均年龄	32.58	
丧偶	2	0.70			

3.2.2 受教育程度

从文化程度上看，全部 284 人外出务工劳动力中，小学以下文化程度占 1%，小学文化程度占 21%，初中文化程度占 56%，高中及中专文化程度占 16%，大专及以上文化程度占 6%。其中，初中及其以下文化程度所占比例为 78%，高中及其以上文化程度所占比例仅为 22%，平均受教育年限为 8.85 年。

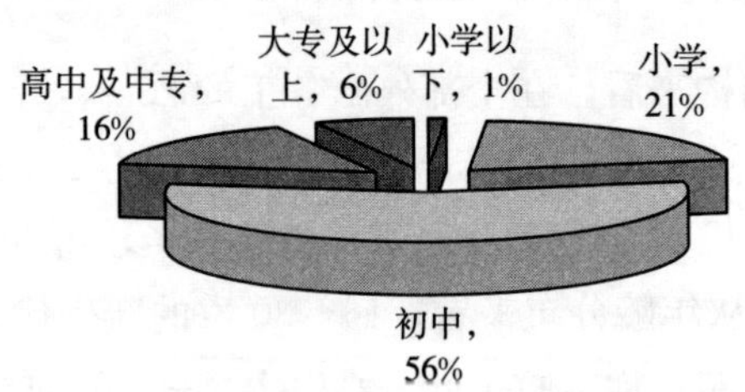

图 3-1 所有外出务工劳动力的受教育程度状况

3.2.3 所从事的工作类型

新生代农村劳动力外出务工的动机相对于第一代外出务工劳

动力来说要复杂，原因可能是多方面的，如改变自己在农村的生活状况、提升生活质量、谋求自身的技能发展等，经济动机可能不是最重要的影响因素，但不管是新生代外出务工劳动力还是第一代外出务工劳动力进城务工从事一份工作获得相对稳定的收入来源的经济动机仍是不可避免的。

根据国家统计局农民工统计监测调查报告，外出务工的劳动力从业的行业主要集中在制造业、建筑业、住宿餐饮业、批发零售业、交通运输、仓储和邮政业、居民服务和其他服务业等六大行业，本研究将外出务工劳动力所从事的工作分为力工、零工、服务员、小摊贩（无固定地点）、销售员、办事人员（如秘书、会计、办公室工作人员）、固定店铺的小业主、低技能工人（如司机厨师等）、高技能工人（如车工、钳工、瓦工、计算机操作员等）、包工头、管理人员、私营工业加工企业主和其他等 13 类。调查中发现，在全部样本外出务工劳动力中，高技能工人的劳动力数量最多，为 71 人，占 25%，其次是零工 47 人，占 16.55%，再次是力工 44 人，占 15.49%，私营工业加工企业主的 1 人，所占比例最小，仅为 0.35%。

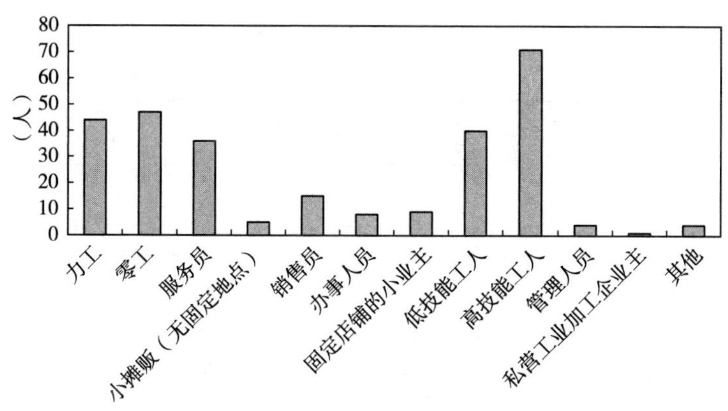

图 3-2　外出务工劳动力所从事的工作类型

3.2.4 务工流向地分布

外出务工劳动力的流向一般分为省内流动和跨省流动两种类型。跨省流动是指农民工流出户籍所在省份以外的其他省份就业；省内流动是指农民工在户籍所在省份的省会、其他城镇或区域就业。省内流动包括向外县内和县外省内两种。在本研究中对外出务工劳动力务工地点的调查发现，284 名外出务工劳动力中选择省内市里作为务工流向地的人数最多，为 116 人，占 40.85%，其次是选择省会沈阳市的人数为 67 人，占 23.59%，而选择外省务工进行跨省流动的劳动力人数最少，仅 20 人，占 7.04%。外出务工劳动力的流动中，乡外县内占 28.53%，县外省内占 64.44%，跨省流动仅占 7.04%，这个数据明显低于全国水平 46.8%①。这与劳动和社会保障部课题组进行的《农民工问题系列调查》中的结论相符合，跨省流动就业的农民工主要来自安徽、江西、四川、湖南、湖北、河南、广西、重庆、贵州等中、西部省份，中、西部地区外出农民工则是以跨省流动为主，分别占 66.2%和 56.6%（表 3-4）。

表 3-3 外出务工劳动力流向地

单位：人，%

	人数	占比
镇上	45	15.85
县城	36	12.68

① 根据国家统计局农民工统计监测调查报告，2012 年全国农民工总量是 26 261万人，其中外出农民工总量是 16 336 万人。在外出农民工中，在省内流动的农民工 8 689 万人，比 2011 年增加 299 万人，增长 3.6%，占外出农民工总量的 53.2%；跨省流动的农民工 7 647 万人，比 2011 年增加 174 万人，增长 2.3%，占外出农民工总量的 46.8%。在省外务工的比重比上年下降 0.3 个百分点。

（续）

	人数	占比
市里	116	40.85
省会	67	23.59
外省	20	7.04
合计	284	100

表 3-4 不同地区外出农民工省内外务工分布

单位：%

	2011 年			2012 年		
	乡外县内	县外省内	省外	乡内县外	县外省内	省外
全国	20.2	32.7	47.1	20.0	33.2	46.8
东部地区	32.1	51.3	16.6	32.0	51.7	16.3
中部地区	13.0	19.8	67.2	13.1	20.7	66.2
西部地区	15.4	27.6	57.0	15.4	28.0	56.6

数据来源：http：//finance.people.com.cn/n/2013/0527/c1004-21624982.html。

3.2.5 汇款金额及其用途

外出务工劳动力给农村家庭的汇款现象十分普遍，汇款成为改变农民家庭生活，甚至是推动农村经济发展的最重要资金来源（李强，2001）。与其他国家相比，我国外出务工劳动力汇款的比例最高。调查发现，辽宁省外出务工的劳动力在务工期间有汇款（泛指寄回来或者自己带回来两种）的劳动力所占比例高达94.01%，没有汇款的仅为5.99%，从汇款的金额来看，0.5万元以下的占37.32%，0.5万～1万元的占14.44%，1万～2万元的占21.13%，2万～3万元的占15.14%，3万～5万元的占4.93%，5万元以上的占1.06%。汇款金额小于1万元的所占比例超过一半，为57.75%，汇款金额在2万以上的所占比例为21.13%（图3-3）。

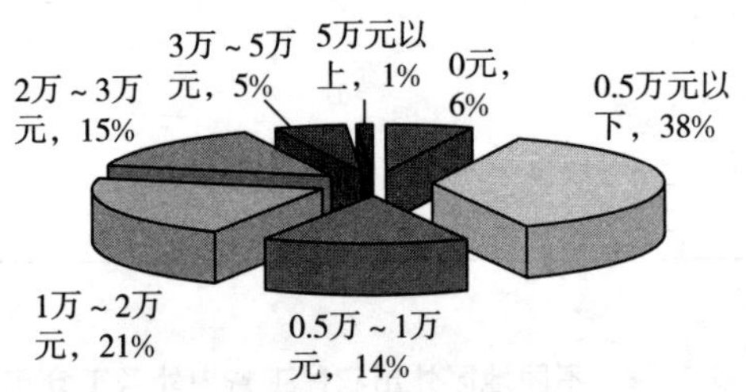

图3-3 所有外出务工劳动力的汇款情况

这些外出务工劳动力所寄回来或者带回来的钱主要用于补贴家用、修建或补修房子、储蓄、农业生产活动、购置农机等。从调查的数据来看①，选择补贴家用的比例最大，为44.06%，其次为储蓄，占32.43%，再次为用于农业生产活动，占14.85%，用于购置农机的选择所占比重最小，仅为1.49%，这说明外出务工所赚的钱很少是用来购买农业机械的，这与调查中发现的自家没有农用机械的农户更多的是通过雇佣农业机械的情况相符，在农户农业生产过程中用资金替代机械的现象相当普遍。

表3-5 外出务工劳动力汇款的用途

单位：人，%

	人数	占比
补贴家用	178	44.06
修建或修补房子	21	5.20
购置农机	6	1.49
储蓄	131	32.43

① 在调研过程中，外出务工劳动力寄回来或者带回来的钱主要用途的选择采用的不定项选择，所以最后选项共为404个选择。

（续）

	人数	占比
用于农业生产活动	60	14.85
其他	8	1.98
合计	404	100

注：在调查中选择其他选项的人员主要是用来供小孩读书、家畜养殖等。

3.3 新生代外出务工劳动力的特征分析

我国农村外出务工劳动力群体内部结构已经产生了分化，外出务工劳动力已不再是一个高度同质的群体，新生代外出务工劳动力的数量和规模不断扩大，其已经成为外出务工劳动力群体的主体。研究新生代外出务工劳动力的特征，有利于更好地促进其发展，对于促进政府的社会就业保障措施改革等将产生积极的作用。

3.3.1 年龄、受教育程度

在调查中发现，外出务工的新生代劳动力的年龄区间为16～30岁，平均年龄为23.55岁。从外出务工的新生代劳动力的受教育的程度来看，小学文化程度占8.13%、初中文化程度占61.88%、高中及中专文化程度占19.38%、大专及以上文化程度占10.63%，初中以上文化程度所占比例高达91.87%。从平均受教育年限看，新生代外出务工劳动力平均受正规教育的年限为9.58年，这说明新生代外出务工劳动力群体是一个总体文化程度较高的群体（图3-4）。

3.3.2 性别、婚姻状况

在外务工的新生代劳动力中，男性108人，占67.5%，女

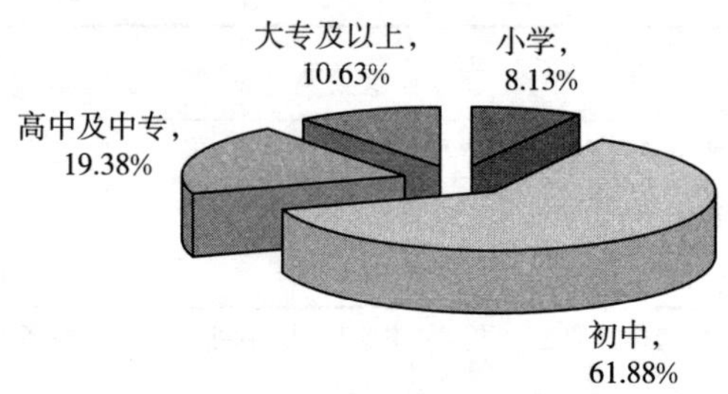

图 3-4 新生代外出务工劳动力的受教育程度

性 52 人，占 32.5%，性别比为 2.08。这个调查结果与中山大学课题组 2006 年对珠三角 9 市农民工的调查珠三角新生代农民工女性占 55.6%存在差异。珠三角属于经济发达尤其是日用消费品加工业和服务业快速发展的地区，而辽宁是老工业基地，两地经济发展状况存在明显区别，从而导致两地农民工性别结构存在显著的差异。

从婚姻状况来看，外出务工的新生代劳动力未婚的 90 人，占 56.25%，已婚的 68 人，占 43.50%。未婚新生代劳动力中男性比例为 67.59%，女性比例为 32.69%，而在已婚的新生代劳动力中女性比例为 63.46%，男性仅为 32.41%，这说明在外出务工的女性新生代劳动力中更多的是已婚女性。

表 3-6 新生代外出务工劳动力的性别和婚姻状况

单位：人，%

	男性		女性	
	人数	占比	人数	占比
未婚	73	67.59	17	32.69
已婚	35	32.41	33	63.46
离异	0	0	2	3.85
合计	108	100	52	100

3.3.3　所从事的工作类型

新生代外出务工劳动力不像他们的父辈一样所从事的工作主要集中在建筑工地上，他们有着更多的选择空间。男性新生代外出务工劳动力的工作主要集中在力工、零工、服务员、小摊贩（无固定地点）、销售员、低技能工人（如司机、厨师等）、高技能工人（如车工、钳工、瓦工、计算机操作员等）七大类型，其中高技能工人的人数最多，为 37 人，占 34.26%，其次是零工 24 人，占 22.22%，再次是力工和低技能工人，均为 13 人，占 12.04%。女性新生代外出务工劳动力所从事的工作与男性存在较大的差别，服务员是女性新生代外出务工劳动力最多从事的工作类型，占 46.15%，其次是低技能工人，占 17.31%，从事管理人员的 4 人，占 3.85%。从整体上看，男性新生代外出务工劳动力更倾向于学习一门技术，成为技能工人，而女性新生代外出务工劳动力更多的是从事服务员和办事人员这类的服务类工作。

表 3-7　新生代外出务工劳动力所从事的工作类型

单位：人，%

	男性		女性	
	人数	占比	人数	占比
力工	13	12.04	0	0
零工	24	22.22	2	3.85
服务员	8	7.41	24	46.15
小摊贩（无固定地点）	2	1.85	2	3.85
销售员	11	10.19	0	0
办事人员（如秘书、会计、办公室工作人员）	0	0	7	13.46

（续）

	男性		女性	
	人数	占比	人数	占比
固定店铺的小企业主	0	0	2	3.85
低技能工人（如司机、厨师等）	13	12.04	9	17.31
高技能工人（如车工、钳工、瓦工、计算机操作员等）	37	34.26	2	3.85
管理人员	0	0	4	7.69
合计	108	100	52	100

3.3.4 务工流向地分布

在新生代外出务工劳动力中，务工流向地选择在市里务工的人数最多，达 84 人，占 52.50%，在省会沈阳务工的 28 人，占 17.50%，仅 6 人选择外省务工，占 3.75%。新生代外出务工劳动力中，乡外县内占 26.25%，县外省内占 70%，跨省流动仅占 3.75%。

进一步将新生代外出务工劳动力的性别和务工流向地结合起来进行分析，不管是男性还是女性选择务工流向地为市级城市的人数比例均达 50%以上；男性新生代外出务工劳动力的流向地的第二大选择为户籍所在地的镇上，占 16.67%，而女性则为省会城市，占 21.15%；男性新生代外出务工劳动力的流向地中选择外省的人数最少仅 2 人，占 1.85%，女性则是户籍所在地县城的人数最少仅 2 人，占 3.85%。男性新生代外出务工劳动力中，乡外县内占 28.71%，县外省内占 68.44%，跨省流动仅占 1.85%，女性乡外县内流动、县外省内流动和跨省流动则分别是 21.16%、71.15%和 7.69%，女性选择县外流动的比例比男性高 7.55 个百分点。

表 3-8 新生代外出务工劳动力外出流向地

单位：人，%

	男性		女性		新生代外出务工劳动力	
	人数	占比	人数	占比	人数	占比
镇上	18	16.67	9	17.31	27	16.88
县城	13	12.04	2	3.85	15	9.38
市里	58	53.70	26	50.00	84	52.50
省会	17	15.74	11	21.15	28	17.50
外省	2	1.85	4	7.69	6	3.75
合计	108	100	52	100	160	100

3.3.5 汇款金额和用途分析

新生代外出务工劳动力在务工期间的汇款统计发现，汇款数额小于0.5万元的78人，占48.75%，0.5万～1万元的25人，占15.63%，1万～2万元的占15%，3万～5万元的5人，占3.13%，务工所赚的钱全部自用的12人，占7.50%。由此可见，新生代外出务工的劳动力汇款在1万元以下的占到71.88%，新生代外出务工的劳动力务工所得更多是用于自己消费。

表 3-9 新生代外出务工劳动力汇款情况

单位：人，%

	男性		女性		合计	
	人数	占比	人数	占比	人数	占比
0	10	9.26	2	3.85	12	7.50
0.5万元以下	45	41.67	33	63.46	78	48.75
0.5万～1万元	14	12.96	11	21.15	25	15.63
1万～2万元	20	18.52	4	7.69	24	15.00
2万～3万元	16	14.81	0	0	16	10.00

（续）

	男性		女性		合计	
	人数	占比	人数	占比	人数	占比
3万～5万元	3	2.78	2	3.85	5	3.13
5万元以上	0	0	0	0	0	0
合计	108	100	52	100	160	100

进一步将新生代外出务工劳动力的性别和汇款数额相结合分析，不管是男性新生代外出务工劳动力还是女性汇款金额最多的情况均是0.5万～1万元，女性汇款金额在这一区间的比例高达63.46%；9.26%的男性新生代外出务工劳动力汇款金额为0，而女性仅3.85%，不管是男性还是女性新生代外出务工劳动力的汇款金额在3万元以上的人数所占比例均比较小，分别为2.78%和3.85%。汇款金额在1万元以下的男性和女性劳动力所占比例分别为63.89%和88.46%。男性新生代外出务工劳动力汇款金额大于1万元所占比重比女性高。

新生代外出务工劳动力汇款主要也是用来补贴家用，占41.62%，其次是储蓄，占39.59%，用于农业生产活动的占11.17%，用来给家庭购置农机的仅占3.05%。新生代外出务工劳动力汇款的用途和外出务工劳动力总体汇款的用途基本类似。

表3-10　新生代外出务工劳动力汇款的用途

单位：人，%

	人数	比重
补贴家用	82	41.62
修建或修补房子	9	4.57
购置农机	6	3.05
储蓄	78	39.59
用于农业生产活动	22	11.17
合计	197	100

3.4 新生代务工劳动力与第一代务工劳动力的代际差异比较

出生于20世纪80年代后的新生代外出务工劳动力的成长环境明显不同于改革开放初期进城的第一代外出务工劳动力，他们的教育水平较高，广受现代传媒和网络的影响，有着自己的人生观和价值观，他们外出务工的目的、对自我的认知、对农村和城市的社会认知以及对工作生活的期望值，均与第一代外出务工劳动力存在着明显的差异。新生代外出务工劳动力与第一代外出务工劳动力的代际差异已引起了国内学者的关注。本部分拟在以往学者研究的基础上，利用在辽宁省的调查数据，用实证的方法解释新生代外出务工劳动力与第一代外出务工劳动力在文化程度、婚姻状况、务工流向地、所从事的工作以及汇款金额等方面存在的代际差异的特征。

3.4.1 文化程度的代际差异

新生代外出务工劳动力受正规教育的平均年限为9.58年，第一代外出务工劳动力受正规教育的平均年限为8.11年，两者相差1.47年。从各年龄区间来看，16～30岁、30～40岁、40～50岁及50岁以上四个年龄段的外出务工劳动力文化程度在小学及其以下的人所占比例分别为8.13%、20.41%、42.00%和40.00%，文化程度在初中、高中及中专、大专及其以上的人所占比重分别为91.88%、79.59%、58%和60%。

新生代外出务工劳动力中，小学及其以下文化程度的人数所占比例仅占8.13%，初中文化占61.88%，高中及中专占19.38%，大专及其以上占10.63%，而第一代外出务工劳动力小学及其以下文化程度、初中、高中及中专、大专及其以上文化

表 3-11 各年龄段外出务工劳动力文化程度状况

单位：人，%

	16～30岁		30～40岁		40～50岁		50岁以上	
	人数	占比	人数	占比	人数	占比	人数	占比
小学及其以下	13	8.13	10	20.41	21	42.00	10	40.00
初中	99	61.88	31	63.27	24	48.00	9	36.00
高中及中专	31	19.38	5	10.20	5	10.00	6	24.00
大专及其以上	17	10.63	3	6.12	0	0	0	0
合计	160	100	49	100	50	100	25	100

程度所占比例分别为33.06%、51.61%、12.90%和2.42%。新生代外出务工劳动力初中、小学及其以下文化程度的人所占比例比第一代外出务工劳动力低14.66个百分点，而其高中及中专、大专及其以上的文化程度的人所占比例比第一代外出务工劳动力高14.68个百分点。新生代外出务工劳动力受教育程度明显高于第一代外出务工劳动力，两者受教育程度的代际差异显著。

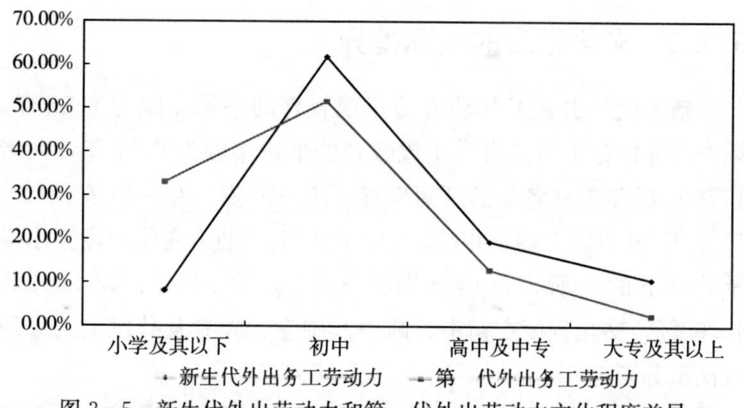

图 3-5 新生代外出劳动力和第一代外出劳动力文化程度差异

3.4.2 婚姻状况的代际差异

新生代外出务工劳动力未婚比例达56.25%，已婚比例为

42.50%，而第一代外出务工劳动力未婚比例仅占 5.65%，已婚的比例高达 92.74%。新生代外出务工的未婚比例远远高于第一代外出务工劳动力。这必然和新生代外出务工劳动力与第一代外出务工劳动力的年龄差别的事实密不可分，但也存在着其他方面的一些原因。如刘传江（2010）认为和第一代外出务工劳动力相比，新生代外出务工劳动力在婚恋观念上更接近于城市的市民，早婚早育的思想逐渐淡化，早婚早育的人数比例在下降；新生代外出务工劳动力对未来有着更高的预期，自我发展愿望比较强烈，一般不愿过早步入婚育阶段；他们中的大部分人承受着巨大的生活压力，既不愿回到农村，在城市又尚未站稳脚跟，婚育问题提不上日程也是原因之一。

表 3-12　新生代外出务工劳动力和第一代外出务工劳动力的婚姻状况对比

单位：人，%

	新生代外出务工劳动力		第一代外出务工劳动力	
	人数	占比	人数	占比
未婚	90	56.25	7	5.65
已婚	68	42.50	115	92.74
离异	2	1.25	0	0
丧偶	0	0	2	1.61
合计	160	100	124	100

3.4.3　务工流向地的代际差异

从外出务工劳动力的流向地来看，代际差异表现明显。新生代外出务工劳动力的务工流向地为市级城市的比例最高，达 53.50%，省会城市的比例次之，占 17.50%，而第一代外出务工劳动力的务工流动地省会城市的比例最高，占 31.45%，市级城市的比例次之，占 25.81%。新生代外出务工劳动力务工流向中乡外县内、县外省内和跨省流动的比例分别为 26.26%、70%

和 3.75%，而第一代外出务工劳动力务工流向中乡外县内、县外省内和跨省流动的比例分别为 31.46%、57.26%和 11.29%。新生代外出务工劳动力近距离的乡外县内的流动比例比第一代外出务工劳动力低 5.2 个百分点，同样远距离的跨省流动所占比重很小，也比第一代外出务工劳动力低 7.54 个百分点。这说明新生代外出务工劳动力相比第一代外出务工劳动力更倾向选择县外省内流动类型。

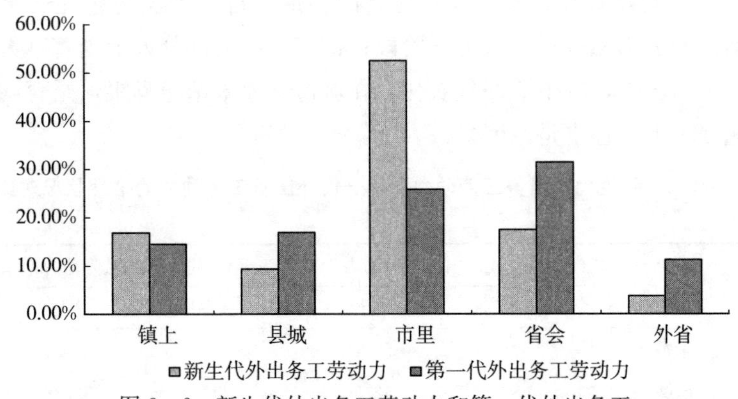

图 3-6　新生代外出务工劳动力和第一代外出务工劳动力的流向地对比

随着年龄段的上移，务工流向地选择离家近但同时就业机会又比乡镇多的县城的比例逐渐上升，50 岁以上年龄段外出务工劳动力所占比例达到 32%，而选择相对远距离的市级城市和省会城市的比例有下降的趋势，50 岁以上年龄段的外出务工劳动力所占比例仅 20%，比 30～40 岁年龄段的人所占比例少了 53.47 个百分点。比较不同年龄段的流向地的选择差异，可以发现，新生代外出务工劳动力偏向于就业机会多、对个人发展机会好的省内大城市流动；而年龄较大的第一代外出务工劳动力要么偏向于离家近的乡镇和县城就业，要么偏向于远距离但收入比较高的跨省流动。

表 3-13 各年龄段外出务工劳动力的务工流向地选择

单位：人，%

	16～30岁		30～40岁		40～50岁		50岁以上	
	人数	占比	人数	占比	人数	占比	人数	占比
镇上	27	16.88	3	6.12	9	18.00	6	24.00
县城	15	9.38	5	10.20	8	16.00	8	32.00
市里	84	52.50	13	26.53	17	34.00	2	8.00
省会	28	17.50	23	46.94	13	26.00	3	12.00
外省	6	3.75	5	10.20	3	6.00	6	24.00
合计	160	100	49	100	50	100	25	100

3.4.4 所从事工作类型的代际差异

新生代外出务工劳动力中从事高技能工人的比例最高，为24.38%，其次是服务员占20%，而第一代外出务工劳动力中从事高技能工人、力工和零工这三类工作的占前三位，所占比例分别为25.81%、25%和16.94%，新生代外出务工劳动力中从事

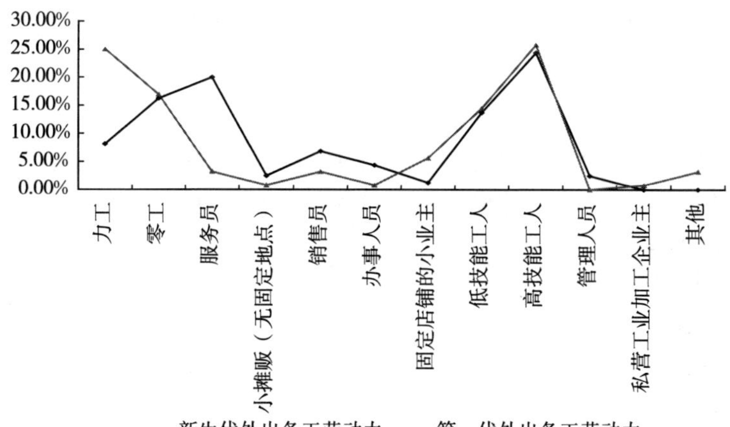

图 3-7 新生代外出务工劳动力和第一代外出务工劳动力所从事的工作类型比较

小摊贩（无固定地点）、销售员、办事人员和管理人员的比例均比第一代外出务工劳动力高，而力工、零工、固定店铺的小业主、私营工业加工企业主及其他工作的比例均比第一代外出务工劳动力低。

从各年龄段的外出务工劳动力所从事的工作类型来看，除50岁以上的年龄较大的劳动力外，随着年龄的增加，从事力工和零工的人所占比例逐步上升，16～30岁的为24.38%，30～40岁的为36.73%，40～50岁的为54%。50岁以上的外出务工劳动力由于年龄的增长和技术熟练程度的提高，掌握一门技术的高技能工人和低技能工人所占比例反而最高，分别为36%和24%。

表3-14　各年龄段外出务工劳动力所从事的工作类型分布

单位：人,%

	16～30岁		30～40岁		40～50岁		50岁以上	
	人数	占比	人数	占比	人数	占比	人数	占比
力工	13	8.13	10	20.41	16	32.00	5	20.00
零工	26	16.25	8	16.33	11	22.00	2	8.00
服务员	32	20.00	3	6.12	1	2.00	0	0
小摊贩（无固定地点）	4	2.50	0	0	1	2.00	0	0
销售员	11	6.88	3	6.12	1	2.00	0	0
办事人员	7	3.75	0	0	1	2.00	0	0
固定店铺的小业主	2	1.25	5	10.20	0	0	2	8.00
低技能工人	22	13.75	5	10.20	7	14.00	6	24.00
高技能工人	39	25.00	15	30.61	8	16.00	9	36.00
管理人员	4	1.25	0	0	0	0	0	0
私营工业加工企业主	0	0	0	0	1	2.00	0	0

（续）

	16～30 岁		30～40 岁		40～50 岁		50 岁以上	
	人数	占比	人数	占比	人数	占比	人数	占比
其他	0	0	0	0	3	6.00	1	4.00
合计	160	100	49	100	50	100	25	100

这说明虽然整体上新生代外出务工劳动力和第一代外出务工劳动力所从事的工作仍集中在职业队列的末端，从事产业工人、商业人员、服务人员等，但两者之间代际差异还是比较明显的，新生代外出务工劳动力更多的是选择学一门可以独立操作的技术，比如计算机操作、电焊、开车、修车、厨师等，来成为高技能工人或者低技能工人，而不像父辈更多的是到建筑工地上从事力工、零工这样的重体力工作。

3.4.5 汇款金额的代际差异

在汇款金额上，新生代外出务工劳动力和第一代外出务工劳动力存在明显的代际差异。新生代外出务工劳动力汇款金额在 0 元、0.5 万元以下、0.5 万～1 万元三个数据区间内的人所占的比例均高于第一代外出务工劳动力所占的比例，汇款金额在 1 万元及以下的人所占的比例比第一代外出务工劳动力高 32.36 个百分点。而汇款金额在 1 万元以上的人所占的比例小于第一代外出务工劳动力所占的比例，汇款金额在 1 万～2 万元、2 万～3 万元、3 万～5 万元和 5 万元以上四个区间内，新生代外出务工劳动力所占比例比第一代外出务工劳动力所占比例分别低 14.03 个百分点、11.77 个百分点、4.13 个百分点和 2.42 个百分点。

从各年龄段外出务工劳动力汇款金额来看，随着外出务工劳动力年龄的增长，汇款金额较多的 2 万～3 万元以及 3 万～5 万元两个区间的外出务工劳动力所占比例逐步上升，16～30 岁、30～40 岁、40～50 岁和 50 岁以上四个年龄段的外出务工劳动力

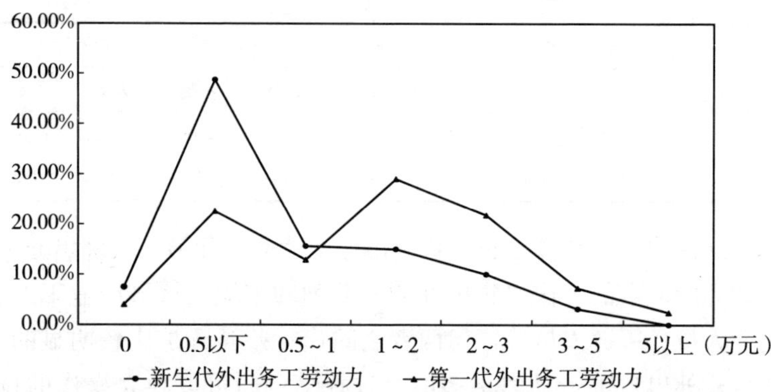

图 3-8　新生代外出务工劳动力和第一代外出务工劳动力汇款金额比较

汇款金额在 2 万～5 万元的所占比例分别为 13.13%、16.32%、34%和 44%。

这说明新生代外出务工劳动力务工所得更多的是用于自身消费，寄回家或者带回家的钱比较少，这与他们外出务工的目的更多的是改变生活状态和追求自身发展的动机相关；而第一代外出务工劳动力务工所得更多的是汇款回家满足其赚钱的经济型的外出务工动机。

表 3-15　各年龄段外出务工劳动力汇款情况

单位：人，%

	16～30 岁		30～40 岁		40～50 岁		50 岁以上	
	人数	占比	人数	占比	人数	占比	人数	占比
0 元	12	7.50	5	10.20	0	0	0	0
0.5 万元以下	78	48.75	8	16.33	12	24.00	8	32.00
0.5 元～1 万元	25	15.63	3	6.12	9	18.00	4	16.00
1 万～2 万元	24	15.00	23	46.94	11	22.00	2	8.00
2 万～3 万元	16	10.00	5	10.20	13	26.00	9	36.00

（续）

	16～30岁		30～40岁		40～50岁		50岁以上	
	人数	占比	人数	占比	人数	占比	人数	占比
3万～5万元	5	3.13	3	6.12	4	8.00	2	8.00
5万元以上	0	0	2	4.08	1	2.00	0	0
合计	160	100	49	100	50	100	25	100.00

3.5 结论

（1）外出务工劳动力总体上以青壮年为主，新生代外出务工劳动力成为主体，平均年龄为32.58岁，其中男性居多，所占比例达73.47%，已婚的比例占64.44%，高中及其以上文化程度所占比例仅为22%，平均受教育年限为8.85年。从从事的工作类型看，从事高技能工人的劳动力最多，占25%，其次是力工和零工。从务工流向地分布来看，流向市级城市的最多，占40.85%，乡外县内流动的占28.53%，县外省内的占64.44%，跨省流动仅占7.04%，跨省流动的水平明显低于全国平均水平。从汇款情况来看，有汇款的所占比例高达94.01%，但汇款金额在2万元以上的只有21.13%。汇款主要用来补贴家用，其次是储蓄，用于购置农机的很少。

（2）新生代外出务工的平均年龄为23.55岁，总体上也是男性居多，所占比例为67.5%，未婚的比例为56.25%，女性新生代劳动力更多的是已婚。新生代外出务工劳动力的平均受正规教育的年限为9.58年，高中及以上文化程度所占比例为30.01%，这说明新生代外出务工劳动力群体是一个总体上文化程度较高的群体。从所从事的工作类型看，男性新生代外出务工劳动力更倾向于学习一门技术，成为高（低）技能工人，而女性新生代外出务工劳动力更多的是从事如服务员或者办事人员等服务类工作。

从务工流向地分析，新生代外出务工劳动力选择近距离的乡外县内流动和远距离的跨省流动的比例相对而言较低，更倾向于县外省内流动。新生代外出务工的劳动力务工所得更多的是用于自己消费，汇款金额在1万元以下的所占比例高达71.88%，汇款也主要是用于补贴家用。

(3) 由于成长环境的不同，新生代外出务工劳动力与第一代外出务工劳动力存在着显著的代际差异。从受教育程度看，新生代外出务工劳动力中文化程度在高中及中专、大专及其以上的比例比第一代外出务工劳动力高14.68个百分点，其受教育程度明显高于第一代外出务工劳动力。从婚姻状况看，新生代外出务工的未婚比例远远高于第一代外出务工劳动力。从务工流向地分布看，新生代外出务工劳动力近距离的乡外县内的流动比例比第一代外出务工劳动力低5.2个百分点，远距离的跨省流动的比例比第一代外出务工劳动力低7.54个百分点，新生代外出务工劳动力相比第一代外出务工劳动力更倾向选择县外省内流动类型。从所从事的工作类型看，虽然整体上新生代外出务工劳动力和第一代外出务工劳动力所从事的工作仍集中在职业队列的末端，但两者之间代际差异还是比较明显的，新生代外出务工劳动力更多的是选择成为计算机操作员、车工、司机、厨师这样的技能工种，而不像第一代外出务工劳动力更多的是从事力工、零工这样的工作岗位。从汇款金额看，新生代外出务工劳动力相对于第一代外出务工劳动力而言汇款的金额较少，更多的是用于自身在城市的消费。

 新生代劳动力转移对农业生产过程投入要素的影响分析

虽然大量农村劳动力进城务工有利于提高农户收入水平，缓解农村劳动力过剩的矛盾，但对农村和农业的发展也带来了挑战。农业生产过程中最重要的投入要素是劳动力、土地和资本，但在调研中发现自家没有农用机械的农户在粮食生产过程中通过雇用机械，用资金替代机械的现象相当普遍，所以本部分主要从新生代劳动力转移对农业生产过程中投入的劳动力、土地两种要素的不同影响进行分析。首先，探讨新生代农村劳动力转移对农业生产投入的务农劳动力数量、年龄结构和性别结构的影响，分析新生代劳动力转移是否对务农劳动力老龄化、女性化等现象存在显著性影响。其次，分析不同类型劳动力转移农户家庭种植粮食的土地规模状况，是否存在土地流转行为，新生代劳动力转移对农户土地流转规模等方面是否产生影响。

为了分析此问题，本部分根据不同代际劳动力转移的类型将农户同样分为四类：无劳动力转移农户、新生代劳动力转移农户、第一代劳动力转移农户、第一代和新生代劳动力转移并存的农户，分别称为第Ⅰ类农户、第Ⅱ类农户、第Ⅲ类农户和第Ⅳ类农户。根据课题组在辽宁省的实地调研数据进行实证分析，探讨这四种不同类型劳动力转移农户在农业生产过程中投入的务农劳动力、土地是否存在差异，以此分析新生代劳动力转移对农户农业生产过程中投入的务农劳动力、土地流转行为的影响。

4.1 新生代劳动力转移对务农劳动力的影响

随着大量农村劳动力的转移，农业劳动力的老龄化、女性化的现象受到越来越广泛的关注。目前，针对农村劳动力转移领域研究的大量文献中，一个已被广泛接受的结论便是受教育水平较高、较为年轻、有一定工作技能的劳动力具有较多的非农就业机会且更倾向于外出（Zhao，1999；Sicular 和 Zhao，2004；Zhang 等，2004）。有学者认为农村劳动力的大量转移外流，尤其是大量青壮年和受教育水平较高的劳动力转移，造成了农村“精英流失”（黄平，1997；石磊，2005），在一定程度上加速了农业劳动力女性化和老龄化趋势，使农业劳动力整体素质下降（曾绍阳等，2004）。Skeldon（1999）强调了农村劳动力流动对农村劳动力老龄化的影响，修正了以往学者普遍认为的老龄化缘于低出生率和低死亡率的观点。庞丽华等（2003）对中国农村50岁及以上人口的劳动参与率的测算发现，农村老人的劳动参与率较高，参与农业生产的比例高达80%以上。吴海盛（2008）研究得到了类似的研究结论。李旻、赵连阁（2010）对辽宁省的实证研究也发现农村劳动力流动加剧了农业劳动力的老龄化趋势。农业劳动力女性化的现象并未达成共识，不少学者如高小贤（1994），张凤华（2005），孙秋、周丕东（2008）的研究认为农村劳动力转移的性别差异性在一定程度上导致了农业劳动力女性化，但也有学者持不同的观点，如 de Brauw（2003）利用河北省和辽宁省 1994—2000 年的调查数据论证了农业劳动力女性化并不成立，并提出未来农业劳动力女性化的可能性很小。

农村转移的劳动力不再是同质群体，不同代际的劳动力转移存在较大差异，那么，不同代际农村劳动力转移对农业老龄化、农业女性化是否产生差异的影响，存在不同代际劳动力转移的农户在农业生产中投入的劳动力在年龄结构和性别结构上是否存在显著差异是一个值得关注的问题。

4.1.1 不同类型劳动力转移农户务农劳动力数量的比较

本研究中所涉及的两次调查，分别是针对水稻种植户和非水稻种植户的调查。但由于在大洼、新民、凌海三地的水稻种植农户的调查中仅对农户务农劳动力的数量进行了调查，而没有调查务农劳动力的年龄和性别情况，所以本部分新生代劳动力转移对务农劳动力的影响分析中，只有务农劳动力数量的分析涉及水稻种植户，对务农劳动力年龄结构和性别结构的影响分析中均以非水稻种植户的调查数据进行实证分析。

从投入的务农劳动力数量看，所有水稻种植农户的均值为 2.14 人/户，其中第Ⅰ类农户均值为 2.24 人/户，劳动力转移农户的均值为 1.96 人/户，第Ⅱ类农户、第Ⅲ类农户的均值分别为 2.05 人/户和 1.86 人/户，第Ⅳ类农户最低，仅为 1.67 人/户。对所有样本的非水稻种植农户而言，务农劳动力的均值为 2 人/户，其中第Ⅰ类农户的均值为 2.18 人/户，劳动力转移农户的均值为 1.83 人/户，第Ⅱ类农户、第Ⅲ类农户的均值分别为 2.12 人/户和 1.69 人/户，同样第Ⅳ类农户最低，仅为 1.47 人/户。

不管是水稻种植户还是非水稻种植农户，劳动力转移农户相比无劳动力转移的农户，其投入的务农劳动力更少，劳动力转移使得农户在农业过程中投入的务农劳动力的数量减少，但新生代劳动力转移相对第一代劳动力转移而言，其对务农劳动力数量减少的效应要小，这与农村中新生代劳动力与第一代劳动力相比缺乏务农经验密切相关。

表 4-1 不同类型劳动力转移农户平均务农劳动力数量比较

单位：人

	非水稻种植农户	水稻种植农户
所有农户	2	2.14
第Ⅰ类农户	2.18	2.24
第Ⅱ类农户	2.12	2.05
第Ⅲ类农户	1.69	1.86
第Ⅳ类农户	1.47	1.67
劳动力转移农户均值	1.83	1.96

4.1.2 不同类型劳动力转移农户务农劳动力年龄结构的比较

在对非水稻种植户的调查中，有效样本农户 203 户，其中 7 户因土地全部出租或者给亲友种植而无务农人员，剩下的 197 户中，96 户为无劳动力转移农户，100 户为存在劳动力转移农户，本部分主要针对有务农劳动力的 196 户非水稻种植户进行分析。在 196 户农户中所有的务农劳动力①为 392 人，其中男性 221 人，占 56.28%，女性 171 人，占 43.62%。

非水稻种植农户的务农劳动力中，其中 30 岁以下仅 32 人，所占比例很小，仅为 8.16%，40～60 岁的劳动力是从事农业生产劳动的主体，占 66.59%，60 岁及以上的 46 人，占 11.73%，超过了一成。进一步分析农业老龄劳动力②所占比例，发现 50

① 劳动力分整劳动力（男子 18～50 周岁，女子 18～45 周岁）和半劳动力（男子 16～17 周岁和 51～60 周岁，女子 16～17 周岁和 46～55 周岁），但考虑到中国农村的实际情况，本研究统计的务农劳动力和外出务工人员均是 16 周岁以上的劳动力。

② 根据联合国国际劳工组织的划分，劳动年龄人口中 45 岁及以上劳动力为老年劳动力。考虑到我国农村的实际情况，同时根据国家统计局对农村整劳动力的划分，本研究将农业老龄劳动力界定为 50 岁及以上的务农劳动力。

岁及以上的务农劳动力所占比例为37.50%，超过1/3。由此可见，留守在农村的务农劳动力更多的是年龄大的，农业劳动力老龄化的趋势表现得较为明显。这也证实了我国农业劳动力老龄化趋势明显的结论，农村劳动力转移对农业劳动力老龄化存在较大的影响并逐步成为共识。

但由于农村转移劳动力存在代际差异，不同代际的劳动力转移对农业劳动力老龄化的影响是否存在差异需进一步讨论。四类不同代际劳动力转移农户中30岁以下务农劳动力的比例均比较小，仅第Ⅱ类农户的比例超过10%；30～40岁这个年龄段的务农劳动力所占比例存在两种截然不同的情况，第Ⅰ类农户和第Ⅲ类农户的比例超过15%，但第Ⅱ类农户和第Ⅳ类农户的比例则均小于3%；40～60岁这个年龄段的务农劳动力在四类农户中均是务农人员的主力军，第Ⅱ类农户中40～60岁务农劳动力的比例超过80%，第Ⅳ类农户几乎为全部；60岁及以上务农劳动力的比重情况和30～40岁的情况类似，存在着两种不同情形。50岁及以上的老龄劳动力所占比例最高的为第Ⅱ类农户，占40.23%，比第Ⅰ类农户高2.91个百分点，第Ⅲ类农户和第Ⅳ类农户其老龄劳动力所占比例较第Ⅰ类农户有所下降。由此可见，新生代劳动力转移加剧了农业人口老龄化趋势。

表4-2　不同类型劳动力转移农户务农劳动力的年龄结构

单位：人，%

		所有农户	第Ⅰ类农户	第Ⅱ类农户	第Ⅲ类农户	第Ⅳ类农户
16～30岁	人数	32	14	11	6	1
	比例	8.16	6.70	12.64	8.45	4.00
30～40岁	人数	53	35	2	16	0
	比例	13.52	16.75	2.30	22.54	0
40～50岁	人数	160	82	39	23	16
	比例	40.82	39.23	44.83	32.39	64.00

（续）

		所有农户	第Ⅰ类农户	第Ⅱ类农户	第Ⅲ类农户	第Ⅳ类农户
50～60岁	人数	101	44	33	16	8
	比例	25.77	21.05	37.93	22.54	32.00
60岁以上	人数	46	34	2	10	0
	比例	11.73	16.27	2.30	14.08	0
50岁以上所占比例		37.50	37.32	40.23	36.62	32.00

4.1.3 不同类型劳动力转移农户务农劳动力性别结构的比较

样本非水稻种植农户的务农劳动力中，男性劳动力为221人，其平均受教育程度年限为7.29年，其中30岁以下仅14人，所占比例很小仅占6.33%，40～60岁这个年龄段的男性是从事农业生产的劳动者的主体，占到65.61%，60岁及以上的人数为32人，其比例也高达为14.48%。女性劳动力为171人，其平均受教育程度年限为6.65年，其中30岁以下18人，所占比例为

表4-3 样本农户务农劳动力的特征

	男性务农人员			女性务农人员			男女性别比
	人数（人）	占比（%）	受教育程度均值（年）	人数（人）	占比（%）	受教育程度均值（年）	
16～30岁	14	6.33	7.93	18	10.53	7.78	0.78
30～40岁	30	13.57	7.8	23	13.45	7.3	1.30
40～50岁	88	39.82	7.44	72	42.11	6.76	1.22
50～60岁	57	25.79	7.18	44	25.73	6.25	1.30
60岁及以上	32	14.48	6.31	14	8.19	4.79	2.29
50岁及以上	89	40.27	6.87	58	33.92	5.90	1.53
合计均值	221	100	7.29	171	100	6.65	1.29

10.53%，同男性务农劳动力类似，40～60 岁这个年龄段的女性同样是占据很高的比例，达到 67.84%，60 岁及以上的比例为 8.19%。从务农劳动力的性别比例来看，男女性别比例为 1.29，男性务农劳动力比女性多；从各年龄段来看，30 岁以下的务农劳动力中女性比男性多外，其他年龄段的务农劳动力男性均比女性多。所以总体上，农业劳动力是否存在女性化趋势有待进一步深入探讨。

所有非水稻种植农户的务农劳动力中男性务农人数明显高于女性务农人数，但不同类型劳动力转移农户的务农劳动力的性别结构比例将会存在一定的差异。由表 4 - 4 可知，务农劳动力的男女性别比，除第Ⅰ类农户高于 1，男性务农劳动力比女性多外，其他三类存在劳动力转移的农户务农劳动力的男女性别比均小于 1，存在第一代劳动力转移的两类农户第Ⅲ类农户和第Ⅳ类农户的男女性别比则分别低至 0.58 和 0.47。

表 4 - 4 不同类型劳动力转移农户务农劳动力的性别结构

	第Ⅰ类农户		性别比	第Ⅱ类农户		性别比	第Ⅲ类农户		性别比	第Ⅳ类农户		性别比
	男（人）	女（人）		男（人）	女（人）		男（人）	女（人）		男（人）	女（人）	
16～30 岁	9	5	1.80	4	7	0.57	1	5	0.20	0	1	0
30～40 岁	24	11	2.18	1	1	1	5	11	0.45	0	0	—
40～50 岁	57	25	2.28	18	21	0.86	8	15	0.53	5	11	0.45
50～60 岁	29	15	1.93	17	16	1.06	8	8	1	3	5	0.60
60 岁以上	27	7	3.86	1	1	1	4	6	0.67	0	0	—
合计均值	146	63	2.32	41	46	0.89	26	45	0.58	8	17	0.47

从各年龄段的务农劳动力来看，第Ⅰ类农户各年龄段的男性务农劳动力数量均明显高于女性务农劳动力数量，而其他三类农户基本上女性务农劳动力数量高于或者与男性务农劳动力数量差

不多。作为从事农业生产主力军的40～60岁的务农劳动力，第Ⅱ类农户、第Ⅲ类农户和第Ⅳ类农户这三类农户的女性务农人数均高于男性务农人数。由此可见，劳动力转移使得女性农业劳动力的比重大大增加，第一代劳动力转移相比新生代劳动力转移而言对女性农业劳动力比重的增加作用更加显著。

4.2 新生代劳动力转移对土地流转的影响

土地不仅是一种生产性要素，更是一种财产性要素。土地流转不仅仅是一种土地要素的流转，更是一种社会的转型和经济发展方式的转变（张良悦，2010）。随着农村劳动力外出务工的增多和现代农业的发展，农村对加快土地承包经营权流转的要求更加迫切。党的十七届三中全会通过的《中共中央关于推进农村改革发展若干重大问题的决定》明确指出："健全严格规范的农村土地管理制度""建立健全土地承包经营权流转市场，按照依法自愿有偿原则，允许农民以转包、出租、互换、转让、股份合作等形式流转土地承包经营权，发展多种形式的适度规模经营"。土地承包经营权流转市场的构建，为农业规模化、集约化、现代化经营提供了重要激励，为农业增长方式的转变提供制度保障。农村土地的流转，一方面可以使农民获得土地流转性租金，进一步激活农业剩余劳动力的转移，加快劳动力市场的发育；另一方面有利于在提高务农收入的同时保证国家的粮食安全（罗必良，2008）。

农村劳动力外出务工的数量不断增长和现代农业规模化经营，加快了农村土地流转的要求。本部分主要探讨：在不同劳动力转移类型农户家庭农业生产过程中投入的土地要素是否存在明显差异，不同劳动力转移类型农户的土地流转规模是否有差异，农户土地流转的影响因素有哪些，农村新生代劳动力转移是否对土地流转产生影响。

4.2.1 农户的土地流转状况

(1) 土地流转农户的数量

从农户家庭的种植规模来看，水稻种植户种植面积为10～20亩的农户占到样本总数的38.89%，非水稻种植户种植面积为5～10亩的农户占29.06%，总体而言，水稻种植户的种植规模比非水稻种植户大。

表4-5 农户家庭的种植面积

单位：户，%

	水稻种植户		非水稻种植户	
	农户数	占比	农户数	占比
5亩以下	24	8.05	65	32.02
5～10亩	90	30.2	59	29.06
10～20亩	112	37.58	49	24.14
20～30亩	36	12.08	12	5.91
30～50亩	19	6.38	13	6.4
50亩以上	17	5.7	5	2.46
合计	298	100	203	100

注：种植面积为5亩以下的农户中，种植面积为0的水稻种植农户有10户，非水稻种植农户为7户。

从土地流转农户的数量看，水稻种植户298户[①]中，无土地流转户为214户，占71.57%，土地转入户为72户，占24.08%，土地转出户13户，占3.35%；非水稻种植户中，无土地流转户为164户，占80.79%，土地转入户为25户，占12.32%，土地转出户为14户，占6.90%。从不同土地流转类

① 调查的298户水稻种植农户中，有1户农户既存在土地转入又存在土地转出的情况。

型农户的种植面积看，水稻种植户中，无土地流转户，其种植面积为3 426.6亩，占59.24%，土地转入户种植面积占39.93%，土地转出户的种植面积仅占0.73%；非水稻种植户中，无土地流转户占71.75%，土地转入户占23.64%，土地转出户占4.61%。从流转土地的面积看，水稻种植户中，转入的土地面积为1 365.5亩，占全部种植面积的23.65%，转出的土地面积为154亩，占2.67%；非水稻种植户中，转入的土地面积占全部种植面积的10.75%，转出的土地面积占4.33%。

总体而言，水稻种植户的土地流转比例比非水稻种植户高，水稻种植户土地流转面积在全部种植面积的比例为26.31%，而非水稻种植户土地流转的比例为15.08%，这说明水稻种植户的规模化经营程度比非水稻种植户高。与王甲午（2011）的研究得到的截至2010年末，辽宁省土地流转面积为300.28万亩，占总面积的6%，吉林省土地流转面积占总面积的9.9%，黑龙江省土地流转面积占总面积的25.8%结论相比，本次对辽宁省农户抽样调查的土地流转率更高，但比黑龙江省土地流转率低。

表4-6 农户土地流转基本情况

			无土地流转户	土地转入户	土地转出户
水稻种植户	农户	数量（户）	214	72	13
		占全部农户的比重（%）	71.57	24.08	4.35
	种植	面积（亩）	3 426.6	2 305.8	42
		占全部种植面积的比重（%）	59.34	39.93	0.73
	流转	面积（亩）	0	1 365.5	154
		占全部种植面积的比重（%）	0	23.65	2.67
非水稻种植户	农户	数量（户）	164	25	14
		占全部农户的比重（%）	80.79	12.32	6.90

（续）

			无土地流转户	土地转入户	土地转出户
非水稻种植户	种植	面积（亩）	1 959	645.5	126
		占全部种植面积的比重（%）	71.75	23.64	4.61
	流转	面积（亩）	0	294.5	118.5
		占全部种植面积的比重（%）	0	10.75	4.33

（2）土地流转农户的种植面积和流转面积

从土地流转户的种植面积来看（表 4-7），水稻种植户中，土地转入 10～30 亩的农户所占比例超过 50%，50 亩以上的种植大户比例为 16.67%；土地转出小于 5 亩的农户占 84.62%，其中 10 户土地全部转出。非水稻种植户和水稻种植户的情况类似。

表 4-7　土地流转户的种植面积

单位：户，%

	水稻种植户				非水稻种植户			
	土地转入		土地转出		土地转入		土地转出	
	户数	占比	户数	占比	户数	占比	户数	占比
5 亩以下	2	2.78	11	84.62	2	8.00	8	57.14
5～10 亩	8	11.11	1	7.69	5	20.00	2	14.29
10～20 亩	23	31.94	0	0	6	24.00	3	21.43
20～30 亩	15	20.83	1	7.69	6	24.00	0	0
30～50 亩	12	16.67	0	0	5	20.00	0	0
50 亩以上	12	16.67	0	0	1	4.00	1	7.14
合计	72	100	13	100	25	100	14	100

从土地流转户的土地流转面积来看（表 4-8），水稻种植户中，土地流转户中有 31.76%的农户土地流转面积集中在 5～10 亩，30 亩以上的大规模土地流转农户为 11 户，占全部土地流转户的 12.94%；而非水稻种植户中，有 33.33%土地流转户的土

地流转面积在5亩以下，大规模土地流转户仅有1户，占2.56%。由此可见，水稻种植户的土地流转规模相比非水稻种植户更大。

表4-8 土地流转户的土地流转面积

单位：户，%

	水稻种植户				非水稻种植户			
	土地转入		土地转出		土地转入		土地转出	
	户数	占比	户数	占比	户数	占比	户数	占比
5亩以下	11	15.28	4	30.77	8	32.00	5	35.71
5～10亩	23	31.94	4	30.77	7	28.00	5	35.71
10～20亩	20	27.78	3	23.08	7	28.00	4	28.57
20～30亩	7	9.72	2	15.38	2	8.00	0	0
30～50亩	5	6.94	0	0	1	4.00	0	0
50亩以上	6	8.33	0	0	0	0	0	0
合计	72	100	13	100	25	100	14	100

(3) 土地流转的期限和方式

农户进行土地流转时，有必要对土地流转期限进行约定。在调查中发现，并非所有农户土地流转都对流转期限进行了约定，转入土地时，水稻种植户中70.83%的土地转入户对流转期限进行了约定，而非水稻种植户中仅有48%的土地转入户对流转期限进行了约定。约定了流转期限的非水稻种植户流转期限基本集中在5年以下，而水稻种植户约定的流转期限相对分散多样，但仍有62.74%的土地转入户和42.86%的土地转出户其流转期限在5年以下。这比较符合对流转后用于普通农作物种植等投入较小的土地、流转期限不宜过长的原则，流转期限超过5年的，应建立价格调整机制，明确约定调整时限和幅度，分时段确定流转价格。土地流转双方应根据土地质量、产出水平和物价变动等因素，合理确定流转价格。

表 4-9　土地流转户的土地流转期限

单位：户，%

	水稻种植户				非水稻种植户			
	土地转入		土地转出		土地转入		土地转出	
	户数	比例	户数	比例	户数	比例	户数	比例
转入（或转出）土地有无流转期限约定								
有	51	70.83	7	53.85	12	48.00	7	50.00
无	21	29.17	6	46.15	13	52.00	7	50.00
合计	72	100	13	100	25	100	14	100
土地流转的期限								
1年	18	35.29	1	14.29	5	41.67	3	42.86
2～5年	14	27.45	2	28.57	5	41.67	4	57.14
6～10年	10	19.61	2	28.57	2	16.67	0	0
15年	2	3.92	1	14.29	0	0	0	0
30年	7	13.72	1	14.29	0	0	0	0
合计	51	100	7	100	12	100	7	100

大部分的土地流转户是通过租赁出租的方式来实现土地的流转，水稻种植户中土地流转户的土地流转方式为租赁出租的占87.06%，其他主要是亲属或亲戚之间免费耕种占12.94%，而非水稻种植户的土地流转方式全部为租赁出租。从流转土地的租金看，除非水稻种植户中土地转入户的土地租金在100～200元/亩的比例64%最高外，其他土地流转户的土地租金均是200～300元/亩所占的比例最高。水稻种植户中土地转出户最高租金为300元/亩，最低为非水稻种植户中土地转入户，土地租金为217.60元/亩。

表 4-10　土地流转户的土地流转方式

单位：户

	水稻种植农户		非水稻种植农户	
	土地转入	土地转出	土地转入	土地转出
租赁出租	64	10	25	14
其他	8	3	0	0
合计	72	13	25	14

表 4-11　土地流转户的土地租金

单位：户，%

租金（元/亩）	水稻种植农户				非水稻种植农户			
	土地转入		土地转出		土地转入		土地转出	
	户数	占比	户数	占比	户数	占比	户数	占比
100 以下	4	6.35	0	0	0	0	3	21.43
100～200	19	30.16	2	25.00	17	68.00	4	28.57
200～300	21	33.33	5	62.50	6	24.00	6	42.86
300～400	12	19.05	0	0	2	8.00	0	0
400 以上	7	11.11	1	12.50	0	0	1	7.14
合计	63*	100	8*	100	25	100	14	100
平均租金	283.25		300.00		217.60		228.21	

*：水稻种植户中，土地流转方式为租赁出租的土地转入户 64 户中有 1 户的土地租金是 150 千克稻谷/亩，土地转出户 10 户中有 2 户土地租金分别是 50 千克稻谷/亩和 75 千克稻谷/亩。

(4) 流转的土地来源、用途等

在抽样调查中发现，转入的土地来源 80%以上是农户，转出的土地全部是转让给农户。流转土地的用途绝大部分用于种植粮食作物，用于种植其他作物的比例很小，用于畜牧养殖和非农用途的没有。土地流转的类型中全年流转的占 90%以上，季节性流转的情况很少。

表 4-12 流转土地的来源

单位：户

	水稻种植户		非水稻种植户	
	土地转入	土地转出	土地转入	土地转出
集体	13	0	3	0
农户	59	13	22	14
合计	72	13	25	14

表 4-13 农户转入土地的用途

单位：户

	水稻种植户		非水稻种植户	
	土地转入	土地转出	土地转入	土地转出
种粮	68	12	22	13
种植其他	4	1	3	1
合计	72	13	25	14

调查中农户转入土地的用途中备选的选项还有畜牧渔业养殖和非农用途，但是样本农户转入的土地均无上魔神两项用途。

表 4-14 土地流转类型

单位：户

	水稻种植户		非水稻种植户	
	土地转入	土地转出	土地转入	土地转出
季节性流转	6	0	0	0
全年流转	66	13	25	14
合计	72	13	25	14

在农户土地流转过程中，近 90%以上的农户没有村集体中介或者土地流转机构来帮助其进行土地流转。土地流转双方签订书面协议的比例不高，水稻种植户中进行土地流转的有 50%以上的签订了书面协议，比非水稻种植户不足 1/3 的比例要高，更多的非水稻种植户在土地流转过程中只达成口头协议。土地流转后农户通知村组或到有关部门登记的比例，水稻种植户比非水稻种植户高。

在土地流转过程中双方产生矛盾的情况也有，占比不足5%，一旦遇到矛盾纠纷基本上都是自行协商解决，找村委会协调或者采用法律途径解决的很少。可见，在农户的土地流转过程中，村集体中介或者土地流转机构的介于程度较低，并没有发挥应有的作用。

表 4-15 流转土地问卷相关统计

单位：户

	水稻种植户		非水稻种植户	
	土地转入	土地转出	土地转入	土地转出
是否有村集体中介或者土地流转机构的帮助？				
①帮助转入	8	0	1	0
②帮助转出	0	0	0	0
③没有	64	13	24	14
合计	72	13	25	14
转入（或转出）时是否有书面合同或协议？				
①有	37	8	8	3
②没有，只有口头协议	35	5	17	11
合计	72	13	25	14
转入（或转出）土地后是否通知村组或到有关部门登记？				
①是	17	4	4	0
②否	55	9	21	14
合计	72	13	25	14
在转入（或转出）土地过程中是否遇到矛盾纠纷？				
①有	2	0	1	0
②没	70	13	24	14
合计	72	13	25	14

4.2.2 不同类型劳动力转移农户的土地流转状况

水稻种植户中有土地流转行为的农户，土地转入户中第Ⅰ类农户占70.83%，劳动力转移农户占29.17%，其中第Ⅱ类农户和第Ⅲ类农户分别占22.22%和6.94%；土地转出户中第Ⅰ类农户占84.62%，而第Ⅳ类农户占15.38%。非水稻种植户中有土地流转行为的农户，土地转入户中第Ⅰ类农户占56%，劳动力转移农户占44%，其中第Ⅲ类农户的占比最高24%；土地转出户中，第Ⅰ类农户占42.86%，而劳动力转移农户占57.14%，其中第Ⅲ类农户占42.86%。

表4-16　不同类型劳动力转移农户的土地流转

单位：户,%

	水稻种植户				非水稻种植户			
	土地转入		土地转出		土地转入		土地转出	
	户数	占比	户数	占比	户数	占比	户数	占比
第Ⅰ类农户	51	70.83	11	84.62	14	56.00	6	42.86
第Ⅱ类农户	16	22.22	0	0	3	12.00	1	7.14
第Ⅲ类农户	5	6.94	0	0	6	24.00	6	42.86
第Ⅳ类农户	0	0	2	15.38	2	8.00	1	7.14
劳动力转移农户小计	21	29.17	2	15.38	11	44.00	8	57.14
合计	72	100	13	100	25	100	14	100

不同代际类型劳动力转移农户的土地流转面积分析，水稻种植户中有土地流转行为的农户，土地转入户中第Ⅰ类农户所转入的土地面积占全部转入土地面积的68.28%，劳动力转移农户转入土地面积占31.72%，其中第Ⅱ类农户占28.01%；土地转出户中第Ⅰ类农户占84.42%，而第Ⅳ类农户占15.58%。非水稻种植户中，土地转入户中第Ⅰ类农户的转入面积占48.73%，劳动力转移农户占51.27%，同样第Ⅲ类农户的占比最高，为23.09%；土地转出户中，第Ⅰ类农户占56.54%，而劳动力转移农户占43.46%，其中第Ⅲ类农户占38.40%。

表 4-17　不同类型劳动力转移农户的土地流转面积

单位：亩，%

	水稻种植户				非水稻种植户			
	土地转入		土地转出		土地转入		土地转出	
	面积	占比	面积	占比	面积	占比	面积	占比
第Ⅰ类农户	932.3	68.28	130	84.42	143.5	48.73	67	56.54
第Ⅱ类农户	382.5	28.01	0	0	53	18.00	3	2.53
第Ⅲ类农户	50.7	3.71	0	0	68	23.09	45.5	38.40
第Ⅳ类农户	0	0	24	15.58	30	10.19	3	2.53
劳动力转移农户小计	433.2	31.72	24	15.58	151	51.27	51.5	43.46
合计	1 365.5	100	154	100	294.5	100	118.5	100

由此可见，土地转入的更多的是无劳动力转移的第Ⅰ类农户，土地转出的农户中所占比重大的是有老一代劳动力转移的第Ⅲ类农户和第Ⅳ类农户，家庭成员中仅有新生代劳动力转移的农户其土地转出的行为并不多见。

4.2.3　农户土地流转行为的影响因素分析

(1) 模型选择

农户土地流转行为是一个定性的二分变量，所以本部分研究选用建立 Logistic 模型进行回归分析。设因变量 Y 为农户土地流转行为，若发生了土地流转行为，因变量为 1；若没有发生土地流转行为，因变量为 0。农户有土地流转行为的概率为 P（$Y=1$），则农户未发生土地流转行为的概率为 $1-P$（$Y=0$）。在 Logistic 模型回归分析时，通常要进行 P 的 Logit 变换，即 $\text{Logit}P=\ln\left(\frac{P}{1-P}\right)$，经过 Logit 变换后，$\text{Logit}P=\ln\left(\frac{P}{1-P}\right)=\mu+\sum_{i=1}^{n}b_iX_i$，这样就得到了概率的函数与自变量之间的线性表达式。

(2) 指标选取

一般认为，影响农户土地流转的主要因素是家庭的基本情况，比如人口、劳动力转移、经济收入和拥有的耕地资源状况等。本研究参考已有文献的相关资料，并考虑到农户劳动力转移的类型差异，从农户家庭特征、家庭经济因素、农户劳动力转移类型、耕地资源禀赋和所在村的地理位置五个方面选择一系列指标来探讨它们对农户土地流转行为的影响。农户家庭特征主要选取家庭总人口数、农务劳动力总量、外出务工比例、户主受教育年数四个变量，家庭经济因素主要选取年人均收入变量，耕地资源禀赋主要选取人均耕地面积和耕地破碎度两个变量，所在村的地理位置主要选取村到镇上的距离、村到县城的距离两个变量。

表 4-18 影响农户土地流转行为的因素

	变量名称	平均值	最大值	最小值	标准差	变量说明
特征因素	家庭总人口	3.84	31	1	1.74	
	务农劳动力总量	2	6	0	0.87	
	外出务工比例	0.15	1	0	0.21	
	户主受教育年数	8.13	16	0	2.81	
经济因素	年人均收入	1.04	8	0.04	0.83	
劳动力转移类型	是否为第Ⅰ类农户	0.61	1	0	0.49	虚拟变量，是=1
	是否为第Ⅱ类农户	0.21	1	0	0.41	虚拟变量，是=1
	是否为第Ⅲ类农户	0.15	1	0	0.36	虚拟变量，是=1
	是否为第Ⅳ类农户	0.05	1	0	0.21	虚拟变量，是=1
耕地资源禀赋	人均耕地面积	4.95	53.33	0.19	5.25	
	耕地破碎度	8.57	130	0.67	11.16	家庭耕地总面积/耕地总块数
村的地理位置	村到镇上的距离	5.85	60	0.10	7.85	
	村到县城的距离	29.89	500	1	27.52	

(3) 回归结果及分析

考虑到农户土地转入行为和土地转出行为的影响因素可能存在一定的差异，本研究通过建立土地流转综合模型、土地转入模型和土地转出模型三种不同模型进行影响因素的分析。土地综合流转模型中，当农户发生过土地流转的（含转入、转出和两者兼有的三种情况）视为土地流转行为，因变量Y赋值为1，没有发生土地流转行为的赋值为0。土地转入模型中，当农户有土地转入行为（含转入和转入转出兼有的情况）时，因变量Y赋值为1，否则为0。土地转出模型中，当农户有土地转出行为（含转

表4-19 农户土地流转行为影响因素的回归分析结果

	土地综合流转模型		土地转入模型		土地转出模型	
	回归系数	Z值	回归系数	Z值	回归系数	Z值
家庭总人口	0.143 8*	1.820 0	0.097 4	1.511 4	0.081 2	0.944 4
务农劳动力总量	−0.426 0***	−2.895 4	0.037 6	0.254 1	−1.628 1***	−4.879 3
外出务工比例	0.005 6	0.004 3	−4.704 2**	−2.258 4	4.960 1**	1.965 4
户主的受教育年数	−0.024 3	−0.624 3	−0.051 1	−1.176 5	0.096 8	1.216 9
年人均收入	0.370 2**	2.394 0	0.198 5	1.272 5	0.442 3*	1.745 8
是否为第Ⅱ类农户	−1.013 1	−0.766 5	−1.551 6	−1.135 8	20.742 8	0.000 1
是否为第Ⅲ类农户	−0.404 1	−0.306 8	−1.326 4	−0.967 3	23.355 0	0.000 1
是否为第Ⅳ类农户	−1.561 5	−1.069 1	−0.925 1	−0.595 9	19.938 0	0.000 1
人均耕地面积	0.119 2***	3.796 7	0.132 3***	4.066 1	0.050 1	0.877 7
耕地破碎度	−0.016 5	−1.300 9	−0.009 1	−0.694 8	−0.065 3	−1.326 3
村到镇上的距离	−0.047 0**	−2.045 3	−0.122 2***	−3.542 4	0.051 5*	1.702 6
村到县城的距离	0.002 8	0.577 6	0.006 6	1.243 7	−0.004 1	−0.280 9
常数	−0.836 0	−0.542 3	0.813 5	0.489 3	−26.853 7	−0.000 1
LR statistic	58.874 5		66.030 0		65.666 0	
Prob (LR statistic)	0.000 0		0.000 0		0.000 0	

注：***、**、*分别表示1%、5%、10%的显著性水平。

出和转入转出兼有的情况）时，因变量 Y 赋值为 1，否则为 0。本研究采用 Eviews6 软件对农户土地流转行为的影响因素进行了回归分析，回归分析的结果见表 4-19。

家庭总人口数量对土地综合流转模型的影响在 10%的显著水平上正相关，这说明家庭总人口越多，发生土地流转的行为可能性越大，但其对土地转入模型和土地转出模型的正相关影响在统计上不显著。在综合流转模型和土地转出模型中，务农劳动力总量对土地流转行为的影响是负向关系，且其显著程度达到了 1%的极显著水平，尤其是在土地转出模型中其相关系数较大，这说明务农劳动力越少，农户土地转出行为的概率越大。外出务工比例与土地转入成显著性负相关关系，与土地转出行为成显著性正相关关系，农户家庭中外出务工劳动力所占比例越大，越不容易发生土地转入行为，土地转出的可能性就越大。但农户的劳动力转移类型中不管是第Ⅱ类农户、第Ⅲ类农户还是第Ⅳ类农户其对土地综合流转和土地转入行为的影响为负，对土地转出的影响虽然为正，但是在统计上并不显著。

户主受教育年限对土地流转行为的影响关系在统计上并不显著。家庭年人均收入在土地综合流转模型和土地转出模型中均对土地流转行为产生显著的正相关影响，但对土地转入行为的正向关系在统计上不显著，这在一定程度上说明，家庭年人均收入越高，尤其是种植业外的其他收入越高，其发生土地流转和土地转出行为的可能性越大。

农户拥有的土地资源禀赋中，人均耕地面积对土地综合流转行为和土地转入行为均产生显著的正向影响作用。人均耕地面积越大，越有可能发生土地流转行为，尤其是土地转入行为，这在一定程度上说明，人均耕地面积越大，土地的规模化经营的绩效越好，农户越愿意转入土地进一步扩大规模，进行规模化生产经营以产生更好的效益。耕地破碎度因子对土地流转行为是负向影响，耕地越是零碎分散，越不容易发生流转，但其在统计上并不显著。

农户所在村的地理位置中，村到镇上的距离对土地综合流转行为和土地转入行为产生显著性负相关影响，对土地转出行为产生显著性正相关影响。这说明村到镇上的距离越近，外出务工的劳动力近距离的转移的可能性越大，劳动力季节性流动强，农闲时外出务工，农忙时回家务农，家庭所拥有的土地转出的可能性越小，农户想要转入土地的难度越大。而村到县城的距离对土地流转行为的影响在统计上并不显著。

4.3 结论

（1）从代际差异视角下分析了不同类型劳动力转移对农业生产过程中投入的务农劳动力的影响，尤其是对反映务农劳动力年龄结构的农业劳动力老龄化和性别结构的农业女性化的影响关系。调查结果发现，50 岁及以上的农业老龄劳动力所占比例已经超过 1/3，辽宁省农业劳动力老龄化现象比较明显。农村劳动力转移在一定程度上加剧了农业劳动力老龄化，不同代际劳动力转移对农业劳动力老龄化的影响存在一定差异，第Ⅱ类农户的老龄劳动力所占比例最高，为 40.23％，新生代劳动力转移相比第一代劳动力转移对农业劳动力老龄化的影响更明显。进一步对务农劳动力的性别结构进行分析发现，男性务农劳动力比女性务农劳动力多，农业劳动力是否存在女性化趋势需要进一步探讨，但毫无疑问，劳动力转移加大了女性务农劳动力的比重。不同代际的劳动力转移对务农人员的性别结构影响存在差异，第Ⅳ类农户务农人员的男女性别比最低，仅为 0.47，第一代劳动力转移的第Ⅲ类农户相比新生代劳动力转移的第Ⅱ类农户对女性农业劳动力比重的增加作用更加显著。

（2）在分析劳动力转移对农业生产过程中投入的土地因素的影响研究中发现，水稻种植户土地流转面积占种植面积的26.31%，非水稻种植户为15.08%，水稻种植户的土地流转规模相比非水稻种植户更高。并非所有农户在土地流转过程中都对流转期限进行了约定，非水稻种植户在转入土地时有52%农户没有对流转期限进行约定。约定了流转期限的土地流转农户其流转期限一般在5年以下。这比较符合对流转后用于普通农作物种植等投入较小的土地、流转期限不宜过长的原则。大部分农户的土地流转是通过租赁出租的方式来实现，土地的平均租金中，最高为水稻种植户中土地转出户300元/亩，最低为非水稻种植户中土地转入户217.60元/亩。进行流转的土地绝大部分来源于农户，其用途主要用于种植粮食作物，流转类型中90%以上为全年流转。在农户的土地流转过程中，流转双方签订书面协议的比例不算太高，更多的非水稻种植户在土地流转过程中仅仅是达成了口头协议，村集体中介或者土地流转机构的介入程度较低，并没有发挥大的作用。对不同代际类型劳动力转移农户的土地流转状况进行分析，发现无劳动力转移的第Ⅰ类农户更倾向于土地转入行为，土地转出行为的农户中所占比重大的是有老一代劳动力转移的第Ⅲ类农户和第Ⅳ类农户，家庭成员中仅有新生代劳动力转移的第Ⅱ类农户土地转出的行为并不多见。

进一步对农户土地流转行为的影响因素进行分析，Logistic模型回归结果显示，在综合土地流转模型中，家庭总人口、家庭年人均收入水平、人均耕地面积均对农户土地流转行为产生显著性正相关影响，而务农劳动力总量、村到镇上的距离与农户土地流转行为成显著性负向关系。在土地转入模型中，家庭外出务工人员比例、村到镇上的距离对农户土地转入行为产生负向影响，而人均耕地面积则有利于农户土地转入行为的发生。对农户土地转出行为而言，外出务工人员比例、年人均收入水平、村到镇上的距离三个因素均与农户土地转出行为成显著性正相关关系，而务农劳动力总量对土地转出行为产生负向影响。不同类型劳动力转移对农户土地流转行为的影响关系在统计上并不显著。

5 农村新生代劳动力转移对粮食生产技术效率的影响分析

辽宁省地处我国东北南部，属暖温带大陆性季风气候，日照充足，雨量适宜，热量资源比较丰富，适于各种农作物生长，是我国重要的商品粮主产区之一。2010 年，辽宁省乡村人口1 655.8万人，占全省人口总数的 37.85%，粮食作物播种面积317.93 万公顷，粮食总产量为 1 765.4 万吨，其中粮食人均占有量为 403.6 千克。2010 年，辽宁省玉米的播种面积为 209.3 万公顷，占全部粮食作物播种面积的 65.83%，玉米总产量为1 150.5万吨，占粮食总产量的 65.17%，玉米是辽宁省第一大粮食作物品种。其次是水稻，播种面积为 67.75 万公顷，占21.31%，总产量 457.6 万吨，占 25.92%。随着我国粮食生产重心进一步由南向北推移，辽宁省的粮食生产在国家粮食安全体系中的战略地位将愈加重要。

农村劳动力转移已成为一种相当普遍的现象。大量农村劳动力进城务工虽有利于提高农户收入水平，缓解农村劳动力过剩的矛盾，但是对农村和农业的发展也带来了挑战。粮食的生产和供给对于我国粮食安全和农村社会经济发展有着不可替代的作用。那么，粮食生产是否会因劳动力转移尤其是不同代际的劳动力转移而受到冲击是一个值得关注的问题。

大多数文献肯定了农村劳动力转移会促进流出地发展的观点，劳动力转移有利于提高农民收入，缩小城乡差距，收入效应和减贫效应明显，促进了农村社会的发展和稳定。劳动力转移对粮食生产的影响，不同的学者研究的结论则不太一致。如 Wu 等（1997）使用 1993—1994 年数据来估计中国农户粮食生产函数，结果显示，总体上劳动力外出务工并没有对中国粮食生产造成负面影响，但在不同的地区由于土地和劳动力要素禀赋差异而采取的不同耕种技术，影响存在差异。Rozelle 和 Taylor 等（1999）利用在河北和辽宁的调查数据，发现家庭成员外出务工劳动力的汇款和带回款可以在相当程度上补偿劳动力流失给农户粮食产量带来的消极影响，但总体上劳动力外流仍导致了中国农户的玉米单产有一定程度的下降。马忠东等（2004）运用中国 2000 年普查数据以及分县的时间序列数据进行分析后得出结论，20 世纪 90 年代的大量劳动力流出对粮食生产影响并不显著，同时劳动力流动不仅直接帮助农村家庭增收，而且还通过对劳务汇款的生产性使用，通过促进农业生产投资和商业投资间接地提高了农村收入。钱文荣、郑黎义（2010）基于 2009 年江西省的调研数据，从集体农田基础设施投资和家庭生命周期的视角考察了劳动力外出务工与农户水稻生产之间的关系，其结论证实务工者的汇款有助于水稻生产中投入更多的化肥和农药，但同时非农收入的提高又会使农户忽视对水稻生产的管理；集体农田水利等基础设施投资是稳定水稻产量的重要保证，在基础设施较差的地区，劳动力外出务工将导致农户水稻生产中出现劳动力短缺，对生产力造成严重影响。学者研究劳动力转移对粮食生产的影响主要从劳动力转移对粮食生产过程中投入要素和产出两方面进行研究，而很少研究劳动力转移对反映粮食生产投入产出关系的效率的影响。

本章主要探讨农村新生代劳动力转移对粮食（包括玉米和水稻两种主要的粮食作物）生产技术效率是否产生影响，以及不同代际劳动力转移对粮食生产技术效率的影响是否存在代际差异。本章同样根据劳动力转移的代际差异，将农户分为具有不同类型劳动力转移的四类农户：无劳动力转移农户、新生代劳动力转移农户、第一代劳动力转移农户、第一代和新生代劳动力转移并存的农户。分别称为第Ⅰ类农户、第Ⅱ类农户、第Ⅲ类农户和第Ⅳ类农户。根据笔者在辽宁省的实地调研数据进行实证分析，比较四种不同类型劳动力转移的农户在水稻（或玉米）生产过程中投入、产出以及反映投入产出关系的技术效率上是否存在差异，并进一步探讨不同类型的劳动力转移对水稻（或玉米）生产技术效率的影响。

5.1 新生代劳动力转移对水稻生产技术效率的影响

5.1.1 技术效率及测量模型选择

本小节将主要介绍效率测量的前沿方法及其比较。经济学上的效率概念，一般指的是帕累托最优状态，即如果不使一人的状况变坏就不能够使得另一人的状况变好，也就是表明所有的帕累托改进均不存在；它意味着在产出一定时其使用的投入最小或者在投入一定时其获得的产出最大。因此，经济学的效率实质上就是经济活动的现有状态与在同等技术条件下所能达到的最佳状态的比较，如果现有状态达到最佳状态则称为有效率，否则就被称为无效率或低效率。

被人所广泛接受的效率测量方法则归功于澳大利亚统计学家Farrell（1957），他在Debreu（1951）和Koopmans（1951）提出的生产可能性集合和生产有效性定义的基础上于1957年在《生产效率的测量》一文中首次提出了多投入多产出的经济效率测算标准和测算模型，认为企业可能存在技术性低效率或者配置性低效率两种状态。随后，其他一些学者，如Fare、Grosskofp、Lovell、Tim Coelli等人的研究工作使得效率分析这一经济学的新分支开始逐步形成。中国学者如魏权龄在效率度量方面也做了很多的研究工作。本小节主要介绍效率与生产前沿面理论及效率衡量的前沿分析方法，尤其是将本研究运用的非参数DEA方法进行重点介绍。

5.1.2 效率与生产前沿面理论

Farrell（1957）的效率概念是用来衡量经济实体获得最大产出（或投入最小成本）的能力，表示经济实体的实际活动接近其生产前沿面的程度。可以从产出和投入两个不同的角度对效率进行定义。从产出角度来看，效率是指经济实体在投入相同的条件下所获得的实际产出与能获得的理想产出之间的比率；从投入角度来看，效率是指经济实体在产出相同的条件下所能达到理想投入（最小可能性投入）与实际投入之间的比率①。

在实践的生产过程中，经济实体的实际投入值和产出值能够直接通过观测得到，从而度量效率的关键是用来衡量最大产出或者最小投入成本的生产前沿面的确定，所以生产前沿面理论的产生与发展对效率理论的发展和完善意义重大。Farrell 于 1957 年在《生产效率度量》一文中首次完整提出生产前沿面的概念并对其进行经验研究。

考虑某一特定产业内存在 m 家企业，假定这 m 家企业投入各种要素集 x，生产同一种同质产出 y。生产可能集用来描述各个企业的生产函数集：

$$y^i = f^i(x^i), y^i \in \mathrm{R}_+, x^i \subset R_+^n \quad i = 1,2,\cdots,m \quad (5-1)$$

生产函数被认为是描述可观察企业的技术水平。产业技术效率衡量的一个自然参照或标准就是生产前沿函数。生产前沿函数的概念是基于可观察的对投入要素最优效率的使用或者是最优效

① 徐琼．区域技术效率论——基于技术效率的区域经济竞争力提升研究［M］．北京：中国经济出版社，2006：36.

率的“蓝图技术”（blueprint technology）（Grosse，1953；Salter，1960）。一个由 m 家其生产函数为式（5-1）的企业构成的产业，其生产前沿函数 $F(x)$（在一定要素空间内 $X \subset R^n_+$）可如下定义：

$$F(x) = \max_i f^i(x^i), x^i \in X \qquad i = 1,2,\cdots,m \quad (5-2)$$

如果企业的生产函数是连续的，则生产前沿函数也是连续的，但不一定在所有的点上都是可积。由生产前沿函数的定义可知，其是由产业内一些企业的生产函数所组成，这些企业的生产函数相对于产业内其他企业的生产函数而言能在给定投入要素条件下最大化产出（Aigner&Chu，1968）。一种特别的情况是一个企业的生产函数与生产前沿函数相同。

5.1.3 效率度量的非参数和参数方法及比较

Farrell 于 1957 年在《生产效率的测量》一文中认为经济效率（Economic Efficiency，EE）由技术效率（Technical Efficiency，TE）和配置效率（Allocative Efficiency，AE）两部分组成。配置效率（AE）衡量的是在特定的技术水平下，一个经济实体为了成本最小化在投入要素价格已知的条件下对其投入要素进行最佳配比使用的能力。技术效率（TE）则是衡量一个经济实体在投入要素既定的条件下所能获取最大产出的能力，可以从投入和产出两个角度进行探讨。从投入的角度来定义，技术效率（TE）是指一个经济实体在产出水平保持不变，且投入要素市场价格不变的条件下，按照既定的要素投入比例，生产某一特定产出水平所需的最小成本与实际产生的成本之比；而从产出角度来定义，技术效率（TE）则是指在特定技术条件下保持投入的生产成本不变，一个经济实体的实际产出与能达到的最大产出的生产边界之比。

对技术效率（TE）的度量可以从投入角度和产出角度进行

具体的分析。从投入角度度量技术效率。假定某一特定经济实体使用 x_1 和 x_2 两种投入要素进行生产，只生产一种产出 y。首先假定该经济实体在规模报酬不变的情况下进行生产，LL'曲线表示的是完全有效率的生产前沿函数曲线，CC'折线表示的是 x_1 和 x_2 两种投入要素的价格比，也就是等成本曲线（图 5-1）。如果该经济实体以在 T 点的投入组合进行生产时，线段 NT 则表示该经济实体的技术无效率（低效率）。当投入由 T 点减少到 N 点时其产出保持不变并没有减少，从而，T 点位非经济有效生产的组合，N 点为技术有效的生产组合。因此，可以用 NT/OT 表示产出不变的情况下，其投入可以降低的比例，则该经济实体的技术效率（TE）为：$TE=ON/OT=1-NT/OT$。

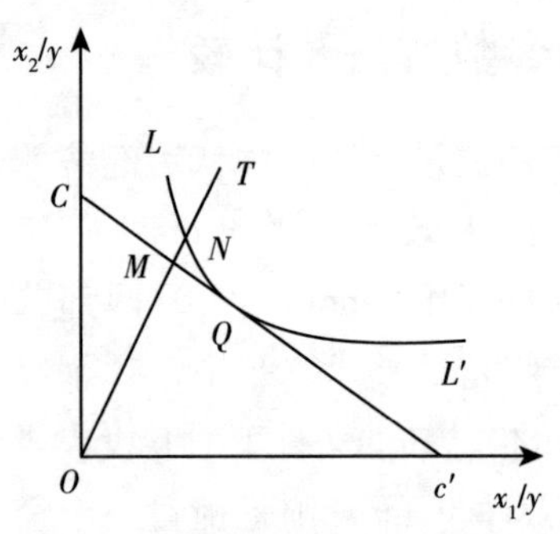

图 5-1 技术效率和配置效率

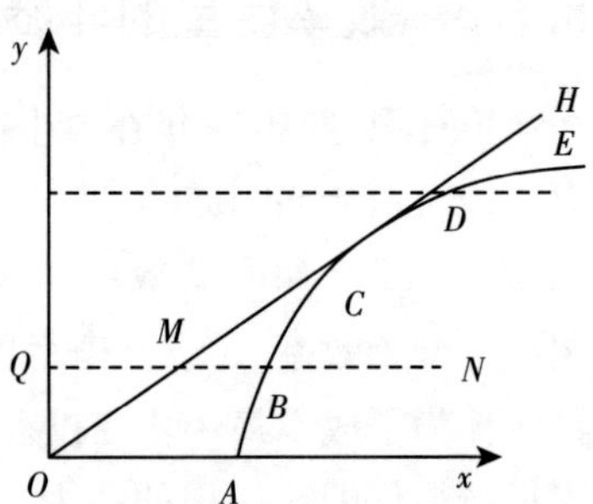

图 5-2 纯技术效率和规模效率

如果已知 x_1 和 x_2 两种投入要素的价格比，即直线 CC'的斜率已知，则 T 点的配置效率（AE）可以表示为：$AE=OM/ON$。这是因为 M 点和 Q 点的生产成本相同，而在 N 点进行生产与技术效率和配置效率均有效的 Q 点相比，该经济实体可以通过改变 x_1 和 x_2 投入要素的组合从而提高配置效率 MN。总的经济效率（EE）可以定义为：$EE=OM/OT$。这里的距离 MT 可以被解释为生产成本的降低，因此，总的经济效率，又称为成本效率。经济效率（EE）、技术效率（TE）和配置效率（AE）

三者之间还存在下列关系：

$$EE=OM/OT=(ON/OT)\times(OM/ON)=TE\times AE$$

如果将上述规模报酬不变的假定放松，技术效率则可以进一步分解为纯技术效率和规模效率。纯技术效率（Pure Technical Efficiency，PTE）反映的是某一经济实体在规模报酬可变的情况下，其实际生产函数与生产前沿函数之间的差距。规模效率（Scale Efficiency，SE）则表示的是某一经济实体的有效生产前沿函在规模报酬不变和规模报酬可变这两种不同情况下的距离（图 5－2）。

如图 5－2 所示，线段 OH 是表示规模报酬不变条件下的有效生产前沿函数，而 $ABCDE$ 曲线表示的是规模报酬可变条件下的有效生产前沿函数。假定某一经济实体在 N 点进行生产，则其技术效率（TE）为：$TE=QM/QN$。规模报酬可变时的纯技术效率（PTE）为：$PTE=QB/QN$。则规模效率（SE）为：$SE=QM/QB$，技术效率（TE）、规模效率（SE）和纯技术效率（PTE）三者之间存在如下关系：

$$TE=PTE\times SE$$

从产出角度来对效率测度分析。假设某一经济实体只投入一种要素 X 生产 Y_1 和 Y_2 两种产出。PP' 曲线是该经济实体产出的前沿函数曲线（图 5－3）。如果该经济实体在 A 点的组合进行生产，则处于非效率生产状态，与技术有效的 B 点相比，其技术效率（TE）可用 OA/OB 的比率来测定，即有：$TE=OA/OB=1-AB/OB$。CC' 同样为等成本曲线，与技术效率和配置效率均有效的 E 点相比，A 点的配置效率（AE）则可以用 OB/OD 的比率来测定，即有：$AE=OB/OD$。总的经济效率（EE）则为：$EE=OA/OD=(OA/OB)\times(OB/OD)=TE\times AE$。

不管是从定义还是度量均表明产出角度的技术效率与经济增长理论联系十分密切，因此，目前从产出角度来衡量的技术效率被普遍认同和接受，并广泛运用于相关的研究之中。

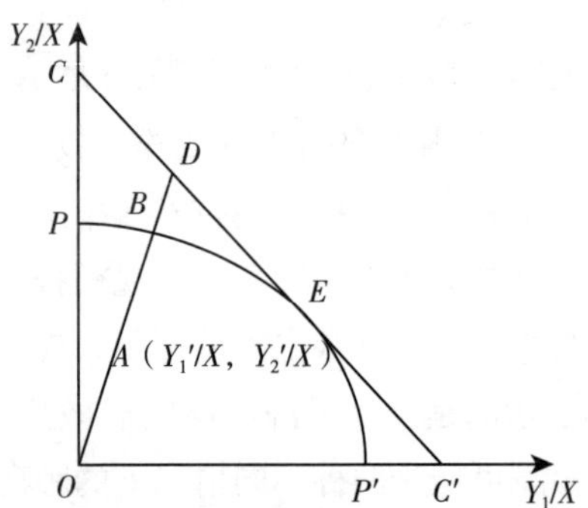

图 5-3 产出角度的技术效率

此外，需要说明的是，从投入和产出两个不同角度对效率进行测度所得到的结果并不一定在任何情况下都一致。假定一个经济实体使用一种投入要素 x 生产一种产出 y，该经济单元的生产技术用函数 $f(x)$ 来表示。同时，假定有规模收益递减和规模报酬不变两种情况（图 5-4 和图 5-5）。当该经济实体的经营活动位于 Q 点时，从投入的角度看，该经济实体的技术效率等于 MN/MQ；而从产出的角度看，该经济单元的技术效率则等于 TQ/TP。显然，在规模收益递减的条件下，从投入角度测度的技术效率并不一定等于从产出角度测度的技术效率。而在规模收益不变的条件下，从投入角度测度的技术效率等于从产出角度测

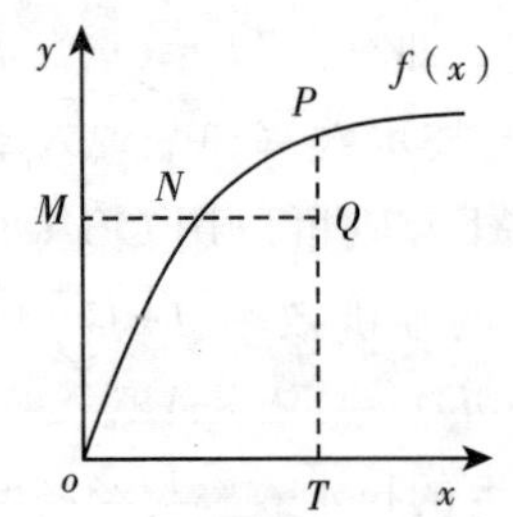

图 5-4 规模收益递减下的技术效率

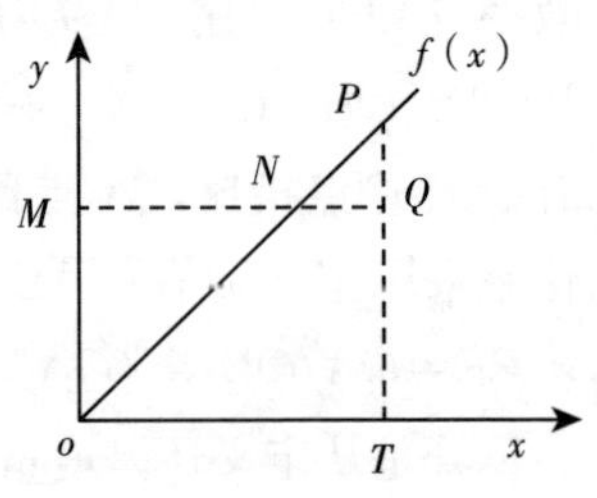

图 5-5 规模报酬不变下的技术效率

度的技术效率，因为 $MN/MQ=TQ/TP$，因此，规模收益变化时从产出角度测度的技术效率并不完全等于从投入角度测度的技术效率。

在上述对效率测度的分析探讨中，均已假定生产前沿函数是确定可知的，而在实际经济生产过程中，生产前沿函数并非如假定一样是确定的，而是需要进行具体确定。从已有效率理论研究中可知，目前对生产前沿函数的研究，从研究方法来看主要有两大类：非参数方法和参数方法。非参数方法中最有代表性的是DEA，而参数方法中最有代表性的是SFA。

非参数方法是利用纯数学的线性规划法的求解来确定研究对象的生产前沿函数，并在此基础上完成对其效率的测定的一种方法。利用非参数方法进行效率测定不需要事先对生产前沿函数的具体形式作出假设，也不限定生产前沿函数的形状。在已有的文献中非参数方法主要包括数据包络分析（Data Envelopment Analysis，DEA）和自由处置包（Free Disposal Hull，FDH）两种方法，自由处置包（FDH）方法是DEA模型的一个特例，所以最有代表性的非参数方法是DEA方法。

数据包络分析方法（DEA）是一种对具有相同多投入、多产出且同等类型的一组决策单元（Decision Making Unit，DMU）之间进行相对效率测定与比较的数学线性规划方法。DEA方法最初是由运筹学家Charnes和Cooper（1978）创立，后来经由Charnesh、E. Rhodes、B. Golany、L. Seiford及J. Stutz等学者的研究而得到不断完善和发展。DEA方法的基本思路是把研究对象中每一个待评价经济实体作为一个*DMU*，再由所有*DMU*构成待评价的研究群体，通过对其投入和产出比率的综合分析，以*DMU*的各个投入和产出指标的权重为变量进行评价运算，以确定研究对象的有效生产前沿函数，并根据各*DMU*与有效生产前沿函数之间的距离状况，来确定各*DMU*是否 DEA 有效。DEA 方法作为一种非参数效率测定方法，它无需事先假设任何形式的生产函数。DEA 方法本质是用来判断所评价的决策单元是否处于生产前沿函数上。经过不断地发展和完善，目前已有的 DEA 模型种类很多，包括 C^2R 模型、BCC 模型、C^2GS^2 模型、C^2WY 模型、C^2WH 模型、C－D 型 DEA 模型、加性 DEA 模型、含随机因子的 DEA 模型和灰色 DEA 模型等，但基本而且广泛使用的模型还是 C^2R 模型、BCC 模型和 C^2GS^2 模型。

(1) C^2R 模型

假定 n 个决策单位（$DMUs$）为 DMU_i，$i=1$，2，…，n。每一个 DMU 在生产过程中均使用 m 种要素投入，生产 s 种产出，其中 $x_i=(x_{1i}, x_{2i}, \cdots, x_{mi})^T$ 为 DMU_i 的输入；$y_i=(y_{1i}, y_{2i}, \cdots, y_{si})^T$ 为 DMU_i 的输出，每一个 DMU 都有相应的效率评价指数①。在 C^2R 模型中假定各个 DMU 均处于规模报酬不变的状态下进行生产，则用分式规划表示的第 i 个 DMU 的相对效率指数模型为：

$$\max E_i = \frac{\sum_{r=1}^{s} u_r y_{ri}}{\sum_{j=1}^{m} \gamma_j x_{ji}} \tag{5-3}$$

$$\text{s. t. } \frac{\sum_{r=1}^{s} u_r y_{ri}}{\gamma_j x_{ji}} \leqslant 1, u_r \geqslant \varepsilon > 0, \gamma_j \geqslant \varepsilon > 0$$

其中，x_{ji} 为第 i 个 DMU 的第 j（$j=1$，2，…，m）项的投入值，y_{ri} 为第 i 个 DMU 的第 r（$r=1$，2，…，s）项产出值，u_r 和 γ_j 分别为第 r 个产出项与第 j 个投入项的权重，也可将 u_r

① 孙建．DEA 在企业效率评价中的应用研究．地质技术经济管理，2003（25）：61－63.

和 γ_j 作为投入项和产出项各自的影子价格，E_i 为第 i 个 DMU 的相对效率值，ε 为非阿基米德无穷小，在实际应用中经常取值为 10^{-6}。

可以对式（5-3）以线性规划的方法进行重新表达，其利用 Charness-Cooper 变换，运用对偶规划，基于非阿基米德无穷小 ε 概念的基础上的 C²R 的 DEA 基本模型为：

$$\min[\theta - \varepsilon(\hat{e}^T s^- + e^T s^+)] \tag{5-4}$$

$$\text{s. t.} \sum_{i=1}^{n} x_i\lambda_i + s^- = \theta x \qquad s^- = (s_1^-, s_2^-, \cdots, s_m^-)^T$$

$$\sum_{i=1}^{n} y_i\lambda_i - s^+ = y \qquad s^+ = (s_1^+, s_2^+, \cdots, s_s^+)^T$$

$$\lambda_i \geqslant 0, i = 1,2,\cdots,n \qquad s^-, s^+ \geqslant 0$$

$$\hat{e} = (1,1,\cdots,1)^T \in R_m \qquad e = (1,1,\cdots,1)^T \in R_s$$

其中，ε 为非阿基米德无穷小；s^- 表示的向量是由与投入相对应的松弛变量所构成，s^+ 的向量则是由与产出相对应的剩余变量所组成；λ 为 DMU 线性组合的系数；θ 则是表示投入缩小比率，其最优解 θ^* 为所评价 DMU 的效率状况。

（2）BCC 模型

C²R 模型是假定 DMU 处于规模报酬不变（CRS）的条件下进行生产，Banker、Charnes、Cooper（1984）通过将 C²R 模型的此假设条件放宽为可变规模报酬（VRS）的条件，对 C²R 模型进行修正后提出了 BCC 模型。通过 BCC 模型就能衡量各个 DMU 的纯技术效率和规模效率①。BCC 模型如下：

$$\max E_i = \sum_{r=1}^{s} u_r y_{ri} - u_i \tag{5-5}$$

① BCC 模型将 C²R 模型所度量的效率值分解成纯技术效率与规模效率，规模效率的度量是通过将 C²R 模型所得的效率值除以 BCC 模型所得的效率值而求得。

$$\text{s. t. } \sum_{j=1}^{m} \gamma_j x_{ji} = 1$$

$$\sum_{j=1}^{m} \gamma_j x_{ji} - \sum_{r=1}^{s} u_r y_{ri} + u_i \geqslant 0$$

$$u_r \geqslant \varepsilon > 0, \gamma_j \geqslant \varepsilon > 0$$

式中，各符号的含义同式（5-3）。根据式（5-5）求得的 u_i，可以判断各 *DMU* 的规模报酬究竟是处于递增、递减还是不变三种类型的哪一种状态。如果 $u_i=0$，则表示该 DMU_i 处在最佳生产规模状态下，属于规模报酬不变的区域；如果 $u_i>0$，则表示该 DMU_i 处于大于最佳生产规模之状态下生产，属于在规模报酬递减区域；如果 $u_i<0$，则表示该 DMU_i 处在小于最佳的生产规模之状态下生产，处在规模报酬递增区域。

(3) C^2GS^2 模型

C^2R 模型对生产单元 *DMU* 是否处于同时技术有效与规模最佳的状态进行总体上的评价，但 C^2R 模型无法测算 *DMU* 的纯技术效率是否处于有效的状况。针对 C^2R 模型的这一缺陷，Chames A.、Cooper W. W.、Seiford L.（1985）等学者在 C^2R 模型中加入 $\sum_{i=1}^{n} \lambda_i = 1$ 的约束条件后提出了 C^2GS^2 模型，则能对 *DMU* 的纯技术效率进行测算。C^2GS^2 模型为：

$$\min[\delta - \varepsilon(\hat{e}^T s^- + e^T s^+)] \tag{5-6}$$

$$\text{s. t. } \sum_{i=1}^{n} x_i \lambda_i + s^- = \delta x \qquad s^- = (s_1^-, s_2^-, \cdots, s_m^-)^T$$

$$\sum_{i=1}^{n} y_i \lambda_i - s^+ = y \qquad s^+ = (s_1^+, s_2^+, \cdots, s_m^+)^T$$

$$\sum_{i=1}^{n} \lambda_i = 1$$

$$\lambda_i \geqslant 0, i = 1, 2, \cdots, n \qquad s^-, s^+ \geqslant 0$$

$$\hat{e} = (1, 1, \cdots, 1)^T \in R_m \qquad e = (1, 1, \cdots, 1)^T \in R_s$$

式中，各符号的含义同式（5－3）。其最优解 δ^* 为评价 *DMU* 的纯技术效率状况。如设 s^* 为规模效率，则规模效率为 $s^*=\theta^*/\delta^*$ 。

相对于参数方法，DEA 方法的优点在于：一是，不需要预先对研究对象的 *DMU* 设定具体的生产函数形式，因而避免了在设定具体的生产函数形式中主观因素的干扰，从而可减少因生产函数设定偏差而带来的结论误差；二是，无论研究对象的 *DMU* 是多产出还是单产出，DEA 模型均对其适用，而且 DEA 方法在评价 *DMU* 的多投入和多产出为实物指标时能够以实物形式来估计前沿生产函数，从而避开了因价格体系不合理等技术因素作用对前沿生产函数的影响；三是，不受投入、产出数据量纲影响。虽然 DEA 方法存在着不足的地方，如最主要的不足是 DEA 方法中假定生产前沿面是固定的，且通常假定不存在随机误差，把可控因素和不可控因素都归于非效率，从而可能在一定程度上影响结果的准确性，但考虑到其优点，本研究选择的是 DEA 方法的 BCC 模型来测算农户水稻生产的技术效率。

5.1.4 不同类型劳动力转移农户水稻生产技术效率的测量

(1) 数据来源和农户的基本特征分析

本部分所用数据来自于 2010 年 7 月对辽宁省水稻主要产区大洼、新民、凌海三地水稻种植农户的抽样调查，最终得到问卷 305 份，其中有效问卷 298 份，占问卷总数的 97.70%，但其中有 10 户因土地全部转出而没有种植水稻，所以本部分主要针对 288 户水稻种植户水稻生产的技术效率情况进行分析。

表 5－1 是对受访水稻种植户的家庭基本情况做的统计分析。从水稻种植规模来看，种植面积为 10～20 亩的农户占到样本总数的 38.89%，平均种植面积为 20.05 亩/户；从家庭外出务工

（3个月以上）人数分布来看，无外出务工的农户数为187户，占样本总数的64.93%，有外出务工的农户数为101户，其中外出务工人数为1人的农户占全部样本总数的22.92%；从外出务工者的年龄分布来看，小于30岁的最多，占到全部外出务工者的62.77%，40岁以上的21人，仅占14.33%；从转移劳动力的不同代际分布来看，第Ⅰ类农户占全部样本的64.93%，第Ⅱ类农户、第Ⅲ类农户和第Ⅳ类农户分别占全部样本的20.83%、12.15%和2.08%。

表5-1　水稻种植户家庭基本特征

单位：人，%

基本特征	人数	占比	基本特征	人数	占比
土地数量（亩）			外出务工者年龄（岁）		
5以下	14	4.86	小于30	86	62.77
5～10	90	31.25	30～40	30	21.90
10～20	112	38.89	40～50	12	8.76
20～30	36	12.50	50～60	9	5.57
30以上	36	12.50			
外出务工人数（人）			农户类型		
0	187	64.93	第Ⅰ类农户	187	64.93
1	66	22.92	第Ⅱ类农户	60	20.83
2	33	11.46	第Ⅲ类农户	35	12.15
3	2	0.69	第Ⅳ类农户	6	2.08

（2）不同类型劳动力转移农户水稻生产投入和产出的差异分析

不同类型的农户在水稻生产过程中投入和产出的情况存在一定差异。农户在水稻生产过程中投入的要素主要包括务农人员、土地、化肥、农药、机械和雇人的现金支出等。由于本次调研的大洼县不少农户稻田养蟹，从而使得全体样本农户在农药的投入费用上由于是否稻田养蟹而差异较大，同时在调研过程中发现自家没有农用机械的农户在水稻生产过程中通过雇用机械，用资金替代机械的现象相当普遍，所以本研究将主要从农务人员、土地状况、化肥等三个方面对不同类型劳动力转移农户在水稻生产的投入状况进行对比分析。

从投入的务农人数看，所有农户的均值为 2.14 人/户，其中第Ⅰ类农户其均值为 2.24 人/户，第Ⅱ类农户、第Ⅲ类农户其均值分别为 2.05 人/户和 1.86 人/户，第Ⅳ类农户最低仅为 1.67 人/户，劳动力转移的农户其投入的务农劳动力比无劳动力转移的农户少，其中第Ⅳ类农户投入的务农劳动力最少，且多为女性。

所有样本农户水稻的种植面积平均为 20.05 亩，其中第Ⅰ类农户的水稻种植面积为 21.11 亩，劳动力转移农户为 18.07 亩，第Ⅱ类农户的种植面积为 21.75 亩，第Ⅲ类农户的种植面积最少仅为 12.69 亩。从劳均种植面积来看，劳动力转移的农户比第Ⅰ类农户的劳均种植面积少 0.43 亩，劳动力转移的农户中第Ⅱ类农户的劳均种植面积最高为 11.30 亩，第Ⅲ类农户最低仅 7.82 亩。从表 3 可知，第Ⅱ类农户的劳均种植面积明显更大，而第Ⅲ类农户其劳均种植面积比第Ⅰ类农户小。

从每亩地投入的化肥费用看，劳动力转移的农户比第Ⅰ类农户平均每亩地投入化肥费用多 19.1 元，同时第Ⅳ类农户在化肥的投入费用上最高，平均每亩地为 156.67 元。这在一定程度上证实了劳动力外出务工的汇款有助于其家庭在水稻生产上通过投入更多的化肥和其他物质费用以提高产量，此外也从一个侧面证实在汇款数量上外出务工的劳动力存在着明显的代际差异，导致不同代际的劳动力转移农户在化肥费用的投入上明显不同，第Ⅲ类农户每亩地投入的化肥费用比第Ⅱ类农户多 8.26 元。

从产出角度看，所有农户水稻的亩产量平均值为638.3千克/亩，第Ⅰ类农户为639千克/亩，劳动力转移为637.05千克/亩，其中第Ⅲ类农户的亩产量最高为647.55千克/亩，总体上看，劳动力转移对水稻的每亩的产出影响不大。

表5-2 不同类型劳动力转移农户水稻生产投入和产出的比较

	亩产量（千克/亩）	务农人数（人）	种植面积（亩）	劳均种植面积（亩/人）	化肥费用（元/亩）
所有农户	638.3	2.14	20.05	10.27	134.43
第Ⅰ类农户	639	2.24	21.11	10.42	127.73
第Ⅱ类农户	638.75	2.05	21.75	11.3	143.17
第Ⅲ类农户	647.55	1.86	12.69	7.82	151.43
第Ⅳ类农户	1 233.3	1.67	12.73	9.46	156.67
劳动力转移农户均值	637.05	1.96	18.07	9.99	146.83

（3）技术效率测量指标的选择

产出变量为水稻总产量，投入变量为种植面积、务农人数、总化肥费用、水稻生产中除化肥之外的其他现金支出（主要是种子费、农药费用、种植水稻各生产环节的雇人和雇用机械等费用等）四项。水稻生产的投入产出指标的统计特征见表5-3。

表5-3 农户水稻种植投入产出指标的统计特征

	平均值	众数	最大值	最小值	标准差	样本数目
总产量（千克）	12 868.66	7 000	116 000	650	13 527.94	288
种植面积（亩）	20.05	10	160	1	20.52	288
务农人数（人）	2.14	2	6	1	0.83	288
化肥总费用（元）	2 726.37	1 200	26 000	100	2 928.27	288
其他现金支出（元）	3 725.54	3 000	35 200	100	4 613.92	288

（4）水稻生产技术效率的测量结果分析

本部分利用OECD开发的Deap2.1软件进行DEA模型的样本数据处理，得到的不同类型劳动力转移农户水稻生产技术效率的结果如表5-4所示。所有样本农户水稻生产的技术效率为0.804，第Ⅰ类农户水稻生产技术效率最高为0.809，劳动力转移农户的水稻生产技术效率均值为0.795。

总体而言，不同类型劳动力转移的农户水稻生产的技术效率差别并不是很明显。究其原因在于水稻生产过程中各种投入要素之间的替代效应，劳动力转移农户投入更多的包括化肥在内的物质费用以弥补其在劳动力投入和土地经营规模上的劣势，从而使得其水稻生产技术效率相比其他类型的农户差别不大。

表5-4 不同类型劳动力转移农户水稻生产的技术效率

	平均值	最大值	最小值	标准差	样本数目
所有农户	0.804	1	0.529	0.092	288
第Ⅰ类农户	0.809	1	0.529	0.092	187
第Ⅱ类农户	0.800	1	0.588	0.092	60
第Ⅲ类农户	0.792	1	0.599	0.092	35
第Ⅳ类农户	0.769	0.858	0.606	0.092	6
劳动力转移农户均值	0.795	1	0.588	0.092	101

5.1.5 农户水稻生产技术效率的影响因素分析

（1）指标选取

农户水稻生产的技术效率的影响因素较多。已有对技术效率影响因素的相关研究文献中，如屈小博（2009）和薛彩霞等（2011）均考察了农户个人和农户家庭特征、农户种植经验、经营规模等因素对技术效率的影响。屈小博（2009）研究发现，教育和技术培训等人力资本投资、科技信息对农户生产技术效率具有显著的正向效应。章立等（2012）也考察了教育（包括正规教育和非正规教育）等因素对农业经营技术效率的影响。

表 5-5　各变量的描述性统计

	平均值	最大值	最小值	标准差	样本数目
年龄（岁）	47.42	76	23	10.45	288
性别	0.81	1	0	0.39	288
受教育年限（年）	8.70	16	0	3.01	288
种植水稻年数（年）	21.57	50	3	9.83	288
种植水稻面积（亩）	20.05	160	1	20.52	288
户主是否外出务工	0.13	1	0	0.33	288
是否为第Ⅱ类农户	0.21	1	0	0.41	288
是否为第Ⅲ类农户	0.12	1	0	0.33	288
是否为第Ⅳ类农户	0.02	1	0	0.13	288
村到镇上的距离（公里）	3.20	55	0.1	4.05	288
村到县城的距离（公里）	24.43	70	1	13.52	288
有无主动找过农技员	0.39	1	0	0.49	288
有无买过农业书籍	0.39	1	0	0.49	288

本小节参考已有文献的相关资料，并考虑到农户劳动力转移的类型差异，从农户个人特征、农户家庭特征、农户劳动力转移类型、所在村的地理位置和农业技术指导五个方面选择一系列指标来探讨其对农户水稻生产技术效率的影响。农户个人特征主要包括年龄、性别、受教育年限、种植水稻年数等指标，农户家庭特征主要选取家庭水稻种植面积、户主是否外出务工两个变量，所在村的地理位置主要选取村到镇上的距离、村到县城的距离两个变量，农业技术指导则主要选取农户有无主动找过农技员、有无买过农业书籍两个变量。

(2) 回归结果及分析

本研究采用 Eviews6 软件对农户水稻种植技术效率的影响因素进行了回归分析，回归分析的结果见表 5-6。农户的个人特征中年龄对水稻种植的技术效率的影响遵循倒 U 形曲线形式，但在统计上并不显著。性别差异对水稻生产技术效率的影响在统计上也不显著。种植水稻的年限与水稻生产的技术效率成显著的正向关系，受教育年限与水稻生产技术效率的正向关系在统计上并不显著。这与在水稻生产过程中由于农业机械化水平的不断提高，务农经验比性别上的体能等其他方面的差异对水稻生产的技术效率影响更重要相关。农户家庭特征中种植水稻面积对水稻生产技术效率的影响显著为正，意味着水稻种植的规模化有助于提高其技术效率。户主是否外出务工对水稻生产的技术效率影响在统计上不显著。农户的劳动力转移类型中不管是第Ⅱ类农户、第Ⅲ类农户还是第Ⅳ类农户其对水稻生产的技术效率的影响虽然为负，但是在统计上并不显著。村到镇上的距离和村到县城的距离对水稻生产的技术效率的影响在统计上也不显著，这可能与现在交通、通信的发展使得空间地理位置的影响下降有关。在农业技术指导方面，主动找过农技员和主动购买农业书籍均对水稻生产技术效率显著为正，这意味着水稻生产中技术的学习和获得有助于提高其技术效率。

表 5-6　水稻生产技术效率的影响因素的回归分析结果

解释变量		回归系数	T 值	注释
农户个人特征	年龄	0.003 0	0.821	
	年龄平方	−4.81E−05	−1.266	
	性别	0.002 0	0.130	虚拟变量，男性=1
	受教育年限	0.000 3	0.192	
	种植水稻年数	0.001**	2.074	

（续）

解释变量		回归系数	T值	注释
农户家庭特征	种植水稻面积	0.077***	4.565	对数形式
	户主是否外出务工	0.015	0.316	
农户劳动力转移类型	是否为第Ⅱ类农户	−0.014	−1.049	虚拟变量，是=1
	是否为第Ⅲ类农户	−0.024	−0.553	虚拟变量，是=1
	是否为第Ⅳ类农户	−0.009	−0.156	虚拟变量，是=1
村的地理位置	村到镇上的距离	0.006	0.445	对数形式
	村到县城的距离	−0.010	−0.660	
技术指导方面	有无主动找过农技员	0.029**	2.559	虚拟变量，有=1
	有无买过农业书籍	0.020*	1.700	虚拟变量，有=1
常数		0.640***	6.627	
调整后的 R^2			0.129	
F值			4.023	
D.W.			1.740	

注：***、**、* 分别表示1%、5%、10%的显著性水平。

5.2 新生代劳动力转移对玉米生产技术效率的影响

5.2.1 技术效率测量模型的选择

本小节测算农户玉米生产技术效率，探讨新生代劳动力转移对农户玉米生产技术效率的影响，仍将继续采用DEA方法的BCC模型来进行分析研究。

5.2.2 不同类型劳动力转移农户玉米生产技术效率的测量

(1) 数据来源和农户的基本特征分析

本部分所用数据来源于2012年以沈阳农业大学为主的几大

高校的三农协会的学员在寒假期间进行的有关非水稻种植农户种植经营的问卷调查。本次调查最终得到问卷 210 份，其中有效问卷 203 份，占问卷总数的 96.67%。203 份非水稻种植农户的有效问卷中，玉米种植的农户为 163 户，占 80.30%，本部分主要针对这 163 户玉米种植户在玉米生产过程中技术效率进行研究分析。

表 5-7 受访的玉米种植户的家庭的基本特征

单位：人，%

基本特征	人数	占比	基本特征	人数	占比
土地数量（亩）			外出务工者的年龄（岁）		
5 以下	57	34.97	小于 31	52	48.60
5～10	46	28.22	31～40	21	19.63
10～20	33	20.25	40～50	24	22.43
20～30	12	7.36	50～60	10	9.35
30 以上	15	9.20			
外出务工人数（人）			农户类型		
0	83	50.92	第Ⅰ类农户	83	50.92
1	55	33.74	第Ⅱ类农户	34	20.86
2	23	14.11	第Ⅲ类农户	34	20.86
3	2	1.23	第Ⅳ类农户	12	7.36

表 5-7 是对受访玉米种植户的家庭基本情况做的统计分析。从农户种植玉米的规模来看，平均种植面积为 13.58 亩/户，种植面积在 5 亩以下的有 57 户，占样本总数的比例最高，为 34.97%，其次为 5～10 亩的农户，占 28.22%；从外出务工者的年龄分布来看，平均年龄为 33.54 岁，小于 31 岁的新生代劳动力最多，占到全部外出务工者的 48.60%，50 岁以上的 10 人，仅占 9.35%；从家庭外出务工（3 个月以上）人数分布来看，无

外出务工的农户有 83 户，占样本总数的 50.92%，有外出务工的农户有 80 户，其中外出务工人数为 1 人的农户占全部样本总数的 33.74%；从转移劳动力的不同代际分布来看，第Ⅰ类农户占全部样本的 50.92%，第Ⅱ类农户、第Ⅲ类农户和第Ⅳ类农户分别占全部样本的 20.86%、20.86%和 7.36%。

(2) 不同类型劳动力转移农户玉米生产投入和产出的差异分析

农户在玉米生产过程中投入的生产要素主要包括务农人员、土地、化肥、农药、机械和雇人的现金支出等。在调查的过程中发现由于种植规模和务农劳动力数量上的差异，不同农户通过雇用机械和人力的资金差异较大，没有农用机械的农户用资金代替机械的现象比较普遍。所以本小节将主要从农务人员、土地规模、化肥、农药四种要素对不同类型劳动力转移农户在玉米生产的投入状况进行对比分析。

从农户家庭投入的务农人数看，均值为 2.05 人/户，其中第Ⅰ类农户均值为 2.18 人/户，第Ⅱ类农户、第Ⅲ类农户均值分别为 2 人/户和 1.88 人/户，第Ⅳ类农户最低，仅为 1.75 人/户。劳动力转移的农户因其家庭有外出务工的劳动力而使得其投入的务农劳动力比无劳动力转移的农户少，其中第Ⅳ类农户投入的务农劳动力最少。

所有农户玉米的种植面积平均为 13.58 亩，其中第Ⅰ类农户的平均玉米种植面积最大，为 16.93 亩，第Ⅱ类农户的种植面积均值为 13.44 亩，第Ⅳ类农户的种植面积均值最少，仅为 7.07 亩。从劳均种植面积来看，第Ⅱ类农户的劳均种植面积最高，为 8.18 亩/人，其次为第Ⅰ类农户，第Ⅳ类农户最少，劳均种植面积仅为 3.81 亩/人。新生代劳动力转移的第Ⅱ类农户其务农劳动力一般为 40～60 岁这个年龄段，这是我国务农劳动力的主力军，其劳均种植面积在四类农户中最大，符合实际情况。

从每亩玉米地投入的化肥费用看，劳动力转移的农户比无劳动力转移的第Ⅰ类农户平均每亩地投入化肥费用多5.76元。不同类型劳动力转移农户中，每亩地化肥费用存在着差距，第Ⅲ类农户最高，亩大田的化肥费用为162.08元，第Ⅱ类农户的投入最少，比第Ⅲ类农户少14.65元。从每亩地投入的农药费用看，劳动力转移农户比第Ⅰ类农户平均每亩地投入农药费用多3.2元，其中第Ⅱ类农户投入最多为21.74元/亩。这也进一步证实了，外出务工劳动力的汇款使得劳动力转移农户愿意投入更多的化肥、农药和其他物质费用来弥补劳动力投入不足和种植规模上的劣势，以提高粮食单产；不同代际外出务工劳动力在汇款数量上的差异，也导致了第Ⅲ类农户和第Ⅳ类农户对化肥、农药和其他物质费用等要素的投入更大。

表5-8　不同类型劳动力转移农户玉米生产过程投入和产出的比较

	亩产量（千克/亩）	务农人数（人）	种植面积（亩）	劳均种植面积（亩/人）	化肥费用（元/亩）	农药费用（元/亩）
所有农户	605.65	2.05	13.58	7.00	152.86	17.30
第Ⅰ类农户	624.34	2.18	16.93	8.00	150.03	15.73
第Ⅱ类农户	597.06	2.00	13.44	8.18	147.43	21.74
第Ⅲ类农户	598.53	1.88	7.85	4.51	162.08	15.74
第Ⅳ类农户	589.59	1.75	7.07	3.81	161.67	20.00

从产出角度看，所有农户玉米的亩产量平均值为605.65千克/亩，第Ⅰ类农户为624.34千克/亩，第Ⅳ类农户的亩产量最低为589.59千克/亩，总体上看，不同类型农户的玉米亩产量差异不大。

（3）技术效率测量指标的选择

本小节基于玉米生产投入和产出的特征，产出变量选择为玉米的主产品总产量；在充分考虑玉米生产过程中生产要素相对重要性的基础上，投入变量选择为务农人数、种植面积、总化肥费用、玉米生产中除化肥之外的其他现金支出（主要是种子费、农药费用、各生产环节的雇人和雇用机械等费用）四项。玉米生产投入产出指标的统计特征见表5-9。

表5-9 农户玉米生产投入产出指标的统计特征

	平均值	最大值	最小值	标准差	样本数目
总产量（千克）	8 755.16	50 000	750	9 899.14	163
种植面积（亩）	13.58	100	1	15.33	163
务农人数（人）	2.05	5	1	0.66	163
化肥总费用（元）	2 100.52	17 000	160	2 456.58	163
其他现金支出（元）	1 700.66	13 000	65	2 060.49	163

(4) 玉米生产技术效率的测量结果分析

本小节同样利用OECD开发的Deap2.1软件进行DEA模型的样本数据处理，得到的不同类型劳动力转移农户玉米生产技术效率的结果，具体如表5-10所示。163户农户玉米生产的技术效率为0.826，第Ⅰ类农户玉米生产的技术效率为0.833，比劳动力转移农户高0.014。第Ⅲ类农户的玉米生产技术效率最高为0.834，第Ⅱ类农户最低为0.805。

技术效率值的分布情况看，效率值在0.5～0.6的农户有5户，占3.07%，效率值在0.6～0.7的农户有19户，占11.66%，效率值在0.7～0.8的农户有46户，占28.22%，效率值在0.8～0.9的农户有44户，占26.99%，效率值在0.9～1的农户有49户，占30.06%。

为检验四种不同类型劳动力转移农户的玉米生产技术效率是否存在显著差异，进一步采用方差分析（ANOVA）法对其进行检验。组间方差分析的F统计量为0.532（P=0.661），接受四种不同类型劳动力转移农户生产效率不存在差异的假设，所以这

表 5-10　不同类型劳动力转移农户玉米生产的技术效率

单位：户，%

技术效率值	第Ⅰ类农户		第Ⅱ类农户		第Ⅲ类农户		第Ⅳ类农户	
	户数	占比	户数	占比	户数	占比	户数	占比
0.5～0.6	3	3.61	2	5.88	0	0	0	0
0.6～0.7	11	13.25	6	17.65	2	5.88	0	0
0.7～0.8	16	19.28	9	26.47	14	41.18	7	58.33
0.8～0.9	23	27.71	10	29.41	8	23.53	3	25.00
0.9～1	30	36.14	7	20.59	10	29.41	2	16.67
合计	83	100	34	100	34	100	12	100
平均值	0.833		0.805		0.834		0.815	
最大值	1		1		1		0.990	
最小值	0.509		0.579		0.637		0.716	

四种不同类型劳动力转移农户玉米生产效率不具有显著的差异。

总体上，与水稻种植农户一样，不同类型劳动力转移的农户玉米生产的技术效率的差别也并不是很明显。究其原因也可能在于玉米生产过程中各种投入要素之间的替代效应，劳动力转移农户投入更多的包括化肥、农药在内的物质费用以弥补其在劳动力投入和土地经营规模上的劣势，从而使得玉米生产技术效率相比其他类型的农户差别不大。

5.2.3　农户玉米生产技术效率的影响因素分析

（1）指标选取

为了数据的可获取性以及与农户水稻生产技术效率的影响因素进行对比，本小节仍从农户个人特征、农户家庭特征、农户劳动力转移类型、所在村的地理位置和农业技术指导五个方面选择一系列指标来分析其对农户玉米生产技术效率的影响。农户个人特征主要包括年龄、性别、受教育年限、务农年数等指标，农户家庭特征主要选取家庭玉米种植面积、户主是否外出务工两个变量，所在村的地理位置主要是选取村到镇上的距离、村到县城的距离两个变量，农业技术指导则主要选取农户有无主动学习并应用过新的种植技术、有无农技员为其提供技术指导两个变量。各指标变量的统计描述见表5－11。

表5－11　各选择变量的描述性统计

	平均值	最大值	最小值	标准差	样本数目
年龄（岁）	48.12	74	23	9.43	163
性别	0.82	1	0	0.38	163
受教育年限（年）	7.28	15	0	2.30	163
务农年数（年）	26.75	50	3	9.78	163
玉米的种植面积（亩）	13.58	100	1	15.33	163
户主是否外出务工	0.25	1	0	0.44	163
是否为第Ⅱ类农户	0.21	1	0	0.41	163
是否为第Ⅲ类农户	0.21	1	0	0.41	163
是否为第Ⅳ类农户	0.07	1	0	0.26	163
村到镇上的距离（公里）	8.75	50	0.5	7.64	163
村到县城的距离（公里）	33.75	120	4	20.31	163
有无主动学习并应用过新的种植技术	0.25	1	0	0.43	163
有无农技员为其提供技术指导	0.01	1	0	0.11	163

（2）回归结果及分析

同样采用Eviews6软件对农户玉米生产技术效率的影响因素进行回归分析，回归分析的结果见表5－12。

农户的个人特征中只有受教育年限对玉米生产技术效率的影响是正向关系，且在统计上达到了1%的显著性程度。其他的个人特征如年龄、性别和务农年数对玉米生产技术效率的影响关系在统计上均不显著。这可能与玉米生产过程中随着农业机械化水平的不断提高，年龄、性别上的个体差异对玉米生产技术效率的影响并不明显有关。

农户家庭特征中种植规模与玉米生产技术效率成显著性正向关系，生产规模化经营有利于提高其技术效率。户主是否外出务工对玉米生产技术效率的影响在统计上不显著。

与水稻生产技术效率的影响类似，虽然农户的劳动力转移类型中不管是第Ⅱ类农户、第Ⅲ类农户还是第Ⅳ类农户对玉米生产的技术效率的影响也为负，但是在统计上并不显著。这说明不同代际劳动力转移对包括水稻、玉米在内的粮食生产的技术效率的影响并不明显。

农户所在村的地理位置中，村到镇上的距离对玉米生产技术效率的影响为显著性负向关系，而村到县城的距离对其影响在统计上不显著。这可能与第一代劳动力偏好就近务工有关，农忙时务农、农闲时务工，就近务工不会耽误其务农，玉米生产技术效率不降反升。而相对较远的到县城的距离，可能与现在交通、通信的发展使得空间地理位置对农作物的影响作用下降有关。

在农业技术指导方面，农户主动学习并应用新的种植技术和有农技员为其提供技术指导均有利于提高玉米生产技术效率，且有农技员为其提供技术指导在统计上显著为正。这意味着玉米生产中技术的学习、获得和应用有助于提高技术效率。

表5-12　玉米生产技术效率影响因素的回归分析结果

解释变量		回归系数	T值	注释
农户个人特征	年龄	0.007	1.054	
	年龄平方	0.000	−0.917	
	性别	−0.039	−1.251	虚拟变量，男性=1
	受教育年限	0.012***	2.991	
	务农年数	−0.002	−1.026	

（续）

解释变量		回归系数	T值	注释
农户家庭特征	玉米种植面积	0.003***	5.121	
	户主是否外出务工	0.026	0.798	
农户劳动力转移类型	是否为第Ⅱ类农户	−0.025	−1.114	虚拟变量，是=1
	是否为第Ⅲ类农户	−0.020	−0.649	虚拟变量，是=1
	是否为第Ⅳ类农户	−0.056	−1.250	虚拟变量，是=1
村的地理位置	村到镇上的距离	−0.049**	−2.362	对数形式
	村到县城的距离	0.042	1.628	
技术指导方面	有无主动学习并应用过新的种植技术	0.058	0.916	虚拟变量，有=1
	有无农技员为其提供技术指导	0.172**	2.043	虚拟变量，有=1
常数		0.567***	3.245	
调整后的 R^2		0.222		
F值			4.295	
D. W.			1.814	

注：***、**、*分别表示1%、5%、10%的显著性水平。

5.3 小结

本章对农村劳动力转移对粮食作物的水稻和玉米的生产技术效率的影响进行了分析。首先对比分析不同类型劳动力转移农户在水稻（或玉米）生产的投入产出上的差异，然后采用DEA方法对水稻（或玉米）生产的技术效率进行了测算，最后对影响农户水稻（或玉米）生产技术效率的因素进行实证分析，以探讨不同代际劳动力转移对技术效率产生的差异性影响。

（1）通过对辽宁省大洼、新民、凌海三地的水稻种植农户的调查数据，研究不同类型劳动力转移的农户对水稻生产中投入要素和技术效率的影响。对不同类型劳动力转移的农户水稻生产的投入产出进行了分析，结果显示，第Ⅰ类农户在水稻种植面积和投入的务农劳动力上均比劳动力转移农户更多，在劳动力转移的农户中第Ⅱ类农户在水稻种植面积和投入务农劳动力上比第Ⅲ类农户更少。劳动力转移的农户在劳均种植面积上比第Ⅰ类农户的劳均种植面积少，其中第Ⅲ类农户的劳均种植面积最少。由于劳动力转移带回的非农收入，使得劳动力转移农户在每亩水稻种植上投入更多的化肥费用，同时由于劳动力转移在汇款上存在的代际差异，第Ⅲ类农户和第Ⅳ类农户在化肥的投入费用上比第Ⅱ类农户更多。而水稻单产在不同类型劳动力转移农户上的差别并不明显。采用 DEA 方法对不同类型劳动力转移农户水稻生产技术效率进行实证分析，发现第Ⅰ类农户、第Ⅱ类农户、第Ⅲ类农户和第Ⅳ类农户的水稻生产技术效率均值分别为 0.809、0.800、0.792 和 0.769，但总体而言不同类型劳动力转移的农户水稻生产的技术效率差别并不明显。进一步对水稻生产技术效率的影响因素进行分析，回归结果显示，农户个人特征的种植水稻年数、农户家庭特征的种植水稻面积、技术指导方面的有无主动找过农技员、有无买过农业书籍与水稻生产技术效率成显著正向关系。不同类型劳动力转移对水稻生产技术效率的负向关系在统计上并不显著。

（2）通过对辽宁省 163 户玉米种植户的调查，研究不同类型劳动力转移的农户对玉米生产中投入要素和技术效率的影响。研究显示，务农劳动力投入上，劳动力转移的农户投入比无劳动力转移的农户少，其中第Ⅳ类农户投入的务农劳动力最少；种植规模上，劳动力转移的农户比第Ⅰ类农户小；每亩地投入的化肥和农药费用上，劳动力转移农户比第Ⅰ类农户多，外出务工的汇款使得劳动力转移农户愿意投入更多的化肥、农药和其他物质费用来弥补劳动力投入不足和种植规模上的劣势，以提高粮食单产。同样采用DEA方法对不同类型劳动力转移农户玉米生产技术效率进行测算，发现不同类型劳动力转移的农户玉米生产的技术效率差别并不明显。进一步对影响农户玉米生产技术效率的影响因素进行实证，结果显示，农户的个人特征中只受教育年限、家庭特征中种植规模、农业技术指导方面的有无农技员为其提供技术指导等因素对玉米生产技术效率的影响是正向关系，农户所在村的地理位置的村到镇上的距离对玉米生产技术效率的影响为负。与水稻生产技术效率的影响类似，虽然农户的劳动力转移类型对玉米生产的技术效率的影响为负，但是在统计上并不显著。

6 结　论

从国际经验来看，农民从农业向非农业、从农村向城市的转移是工业化、城市化进程中必不可跨越的必经阶段。我国自改革开放以来，伴随着工业化、城市化进程，农村劳动力转移已成为一种相当普遍的现象。随着 20 世纪 80 年代和 90 年代出生的外出务工的农村新生代劳动力的规模及其占全部外出务工劳动力群体的比重越来越大，新生代外出务工劳动力已成为外出务工劳动力的主力军。新生代劳动力转移对于流入地和流出地的经济、社会等诸多方面都会产生一系列影响。而粮食的生产和供给对于我国粮食安全和农村社会经济发展有着不可替代的作用。那么，农村新生代劳动力转移对于粮食生产及其技术效率会产生怎样的影响，不同代际的劳动力转移是否会给粮食生产及其技术效率造成一定的冲击是一个值得关注的问题。

本研究根据辽宁省农户的调查数据，首先对新生代外出务工劳动力的基本特征及其与第一代外出务工劳动力的代际差异进行了对比分析。根据不同代际劳动力转移的类型将农户分为四类：无劳动力转移农户、新生代劳动力转移农户、第一代劳动力转移农户、第一代和新生代劳动力转移并存的农户，分别称为第Ⅰ类农户、第Ⅱ类农户、第Ⅲ类农户和第Ⅳ类农户。然后，探讨这四种不同类型劳动力转移农户在农业生产过程中投入的务农劳动力、土地两种主要投入要素是否存在差异，以此探讨新生代劳动力转移对农业生产过程中投入的务农劳动力的老龄化和女性化、土地流转状况的影响。最后，分析辽宁省两大主栽高产粮食作物玉米和水稻生产过程中，四种不同类型农户在其生产过程投入、产出以及反映投入产出关系的技术效率上是否存在差异，并进一步对影响水稻（或玉米）生产技术效率的因素进行了定量分析，以探讨不同类型的劳动力转移是否对水稻（或玉米）生产技术效率产生影响。本研究得出如下结论：

（1）外出务工劳动力总体上以青壮年劳动力为主，新生代外出务工劳动力成为主体，平均年龄为 32.58 岁，其中男性居多，已婚的超过半数，平均受教育年限为 8.85 年，从事的工作类型中高技能工人最多，其次是力工和零工，务工流向地为市级城市的最多，乡外县内流动的占 28.53％，县外省内的占 64.44％，跨省流动仅占 7.04％，有汇款的外出务工劳动力所占比例高达 94.01％，汇款主要用来补贴家用和储蓄，用于购置农机的比重很小。

（2）新生代外出务工的平均年龄为 23.55 岁，总体上男性居多，未婚的比例为 56.25％，女性新生代劳动力更多的是已婚的女性。平均受正规教育的年限为 9.58 年，高中及以上文化程度所占比例为 30.01％，相比第一代外出务工劳动力，是一个总体上文化程度较高的群体。男性新生代外出务工劳动力更倾向于学习一门技术，成为高（低）技能工人，而女性新生代外出务工劳动力更多的是从事如服务员或者办事人员等服务类工作。从务工流向地分析，新生代外出务工劳动力更倾向于县外省内的中长距离流动。其务工所得更多的是用于自己消费，汇款金额在 1 万元以下的所占比例高达 71.88％。由于成长环境不同，其与第一代外出务工劳动力存在着显著的代际差异。从受教育程度看，新生代外出务工劳动力中文化程度在高中及中专、大专及以上的比例比第一代外出务工劳动力高 14.68 个百分点，其受教育程度明显高于第一代外出务工劳动力；从婚姻状况看，未婚比例远远高于第一代外出务工劳动力；从务工流向地分布看，相比第一代外出务工劳动力，其更倾向选择县外省内流动类型，而非第一代外出务工劳动力偏好的近距离的乡外县内的流动或者是远距离的跨省流动；从所从事的工作类型看，虽然整体上新生代外出务工劳动力和第一代外出务工劳动力所从事的工作仍集中在职业队列的末端，但两者之间代际差异还是比较明显的，其更多的是选择成为计算机操作员、车工、司机、厨师这样的技能工人，而不像第一代外出务工劳动力更多的是从事力工、零工这样的工作岗位；从汇款金额看，相对于第一代外出务工劳动力而言，其汇款的金额较少，更多的是用于自身在城市的消费。

(3) 不同类型劳动力转移对农业生产过程中投入的务农劳动力的影响研究，结果发现，50 岁及以上的农业老龄劳动力所占比例已经超过 1/3，辽宁省农业劳动力老龄化现象已经比较明显。农村劳动力转移在一定程度上加剧了农业劳动力老龄化，但不同代际劳动力转移对农业劳动力老龄化的影响存在一定差异，新生代劳动力转移相比第一代劳动力转移对农业劳动力老龄化的影响更明显。对务农劳动力的性别结构分析发现，男性务农劳动力比女性多，农业劳动力是否存在女性化趋势仍需进一步探讨，但毫无疑问，劳动力转移加大了女性务农劳动力的比重，不同代际的劳动力转移对务农人员的性别结构影响存在差异，第一代劳动力转移的第Ⅲ类农户相比新生代劳动力转移的第Ⅱ类农户，对女性农业劳动力比重的增加作用更加显著。

(4) 不同类型劳动力转移对农业生产过程中投入的土地因素的影响研究，结果发现，水稻种植户的土地流转规模相比非水稻种植户更高，并非所有农户在土地流转过程中都对流转期限进行了约定，而约定了流转期限的农户其流转期限一般在 5 年以下。进行流转的土地绝大部分来源于农户，其用途主要用于种植粮食作物，流转类型中 90%以上为全年流转。在农户的土地流转过程中，流转双方签订书面协议的比例不算太高，村集体中介或者土地流转机构的介入程度较低，并没有发挥相关作用。无劳动力转移的第Ⅰ类农户更倾向于土地转入行为，土地转出行为的农户中所占比重更大的是第Ⅲ类农户和第Ⅳ类农户，第Ⅱ类农户土地转出的行为并不多见。进一步对农户土地流转行为的影响因素进行分析，Logistic 模型回归结果显示，在综合土地流转模型中，家庭总人口、家庭年人均收入水平、人均耕地面积均对农户土地流转行为产生显著性正相关影响，而务农劳动力总量、村到镇上的距离与农户土地流转行为成显著性负向关系。在土地转入模型中，家庭外出务工人员比例、村到镇上的距离对农户土地转入行为产生负向影响，而人均耕地面积则有利于农户土地转入行为的发生。在土地转出模型中，外出务工人员比例、年人均收入水平、村到镇上的距离均与农户土地转出行为成显著性正相关关系，而务农劳动力总量对土地转出行为产生负向影响。不同类型劳动力转移对农户土地流转行为的影响关系在统计上并不显著。

（5）不同类型劳动力转移农户对水稻生产中投入产出要素及其技术效率的影响研究，结果显示，在水稻种植面积和投入的务农劳动力上，第Ⅰ类农户均比劳动力转移农户更多，第Ⅱ类农户比第Ⅲ类农户更少；由于劳动力转移带回的非农收入，使得劳动力转移农户在每亩水稻种植上投入更多的化肥费用，同时由于劳动力转移在汇款上的代际差异，第Ⅲ类农户和第Ⅳ类农户在化肥的投入费用上比第Ⅱ类农户更多。采用 DEA 方法对不同类型劳动力转移农户水稻生产技术效率进行实证分析，发现第Ⅰ类农户、第Ⅱ类农户、第Ⅲ类农户和第Ⅳ类农户的水稻生产技术效率均值分别为 0.809、0.800、0.792 和 0.769，但总体而言其差别并不明显。进一步对水稻生产技术效率的影响因素进行分析，回归结果显示，农户个人特征的种植水稻年数、农户家庭特征的种植水稻面积、技术指导方面的有无主动找过农技员、有无买过农业书籍与水稻生产技术效率成显著正向关系。不同类型劳动力转移对水稻生产技术效率的负向关系在统计上并不显著。

（6）不同类型劳动力转移的农户对玉米生产中投入产出要素和技术效率的影响研究，结果发现，务农劳动力投入和种植规模上，劳动力转移的农户投入比无劳动力转移第Ⅰ类农户的农户少；每亩地投入的化肥和农药费用上，劳动力转移农户比第Ⅰ类农户多，外出务工的汇款使得劳动力转移农户愿意投入更多的化肥、农药和其他物质费用来弥补劳动力投入不足和种植规模上的劣势，以提高粮食单产。同样采用DEA方法对不同类型劳动力转移农户玉米生产技术效率进行测算，发现第Ⅰ类农户、第Ⅱ类农户、第Ⅲ类农户和第Ⅳ类农户的玉米生产技术效率均值分别为0.833、0.805、0.834和0.815，不同类型劳动力转移的农户玉米生产的技术效率差别并不明显。进一步对影响农户玉米生产技术效率的影响因素进行实证，结果显示，农户的个人特征中受教育年数、家庭特征中种植规模、农业技术指导方面的有无农技员为其提供技术指导等因素对玉米生产技术效率的影响是正向关系，农户所在村的地理位置的村到镇上的距离对玉米生产技术效率的影响为负。与水稻生产技术效率的影响类似，虽然农户的劳动力转移类型对玉米生产的技术效率的影响为负，但是在统计上同样并不显著。

附　录
APPENDIX

附录1　水稻规模经营调查农户问卷

（仅用于科学研究）

______县______乡（镇）______村；农户姓名______，电话______；从村到镇上距离______公里，从村到县城距离______公里。

一、农户特征

1. 您今年多大年纪？______岁，性别______（男 女），种水稻年数______。

2. 您的家里有几口人______人，其中：劳动力______人，务农劳力（务农不少于3个月）______人；外出打工______人，外出打工人员的年龄是______，受教育的年限是______，打工的工作类型______（外出打工者为2个以上，之间用逗号隔开）。

工作类型：①力工，②零工，③服务员，④小摊贩（无固定地点），⑤销售员，⑥办事人员，如秘书、会计、办公室工作人员，⑦固定店铺的小业主，⑧低技能工人（如司机厨师等），⑨高技能工人，如车工、钳工、瓦工、计算机操作员等，⑩包工头，⑪管理人员，⑫私营工业加工企业主，⑬教师、公务员等事业单位人员，⑭无工作，⑮其他______

3. 您的文化程度是______（①小学以下　②小学　③初中

④高中及中专　⑤大专及以上)，上学______年。

4. 去年您种植：单季稻（中稻/单晚）______亩，共有______块稻田，平均亩产______千克；售价______元/千克。

最主要的品种为：______；与往年相比是否增产______？

①增产（每亩增产______千克）　②大致持平　③减产（每亩减产______千克）

5. 您家庭最主要的收入来源为______？

①种植业　②养殖业　③副业（手工业、自营工商业）④工资性收入（含打工）　⑤其他

6. 去年您家庭总收入（毛收入）是______万元，介于下面哪一段？______

①1.5 万元以下　②1.6 万～2.0 万元　③2.1 万～3.0 万元　④3.1 万～5.0 万元　⑤5.1 万元以上

7. 去年您全家除水稻以外的种植业毛收入大约是______元（包括其他作物、瓜果蔬菜、茶叶、花卉林木等），畜禽水产养殖毛收入______元，务工工资收入______元，其他收入______元。

8. 您认为您的家庭收入在本村属于什么水平？______

①偏上　②中等　③偏下

9. 您是否会一门手艺？______

①会　②不会

10. 您本人是______

①科技示范户　②村干部　③本地普通农户　④外来承包户

11. 您是否有稻田在示范区或示范片内？______

①有　②没有

12. 您有没有为其他农户提供整地、栽插以及收割等生产服务？______

①有　②没有

如果有，全年服务费收入______元，主要是什么环节？______

①整地　②育秧　③栽插（播、抛）　④病虫防治

⑤施肥　⑥收获　⑦加工销售　⑧其他环节

13. 您是否知道《农村土地承包法》或者农村土地承包经营权30年不变的政策？______

①知道或听说过　②不知道，没听说过

14. 您是否参加或享受了下列社会保障？______

①农村养老保险　②农村合作医疗及医疗保险

③农村低保　④就业扶持　⑤其他

二、水稻生产经营方式

15. 您2008—2010年三年单季稻（中稻/单晚）面积是增加还是减少？______

①增加　②基本不变　③减少

16. 去年您有没有种别人的田或把田给别人种？（含季节性种植）______

①没有（直接跳到第25题）　②种别人的田

③把田给别人种

如果您有种别人的田，则转入稻田面积是______亩

(1) 稻田是______

①季节性流转（早稻　晚稻　冬季　其他）　②全年流转

(2) 转入土地是集体的还是农户个人的？______

①集体　②农户个人　③合作社或农业企业　④其他

(3) 转入土地现在的用途是______

①种植粮食，大致比例______%　②种植其他

③畜牧渔业养殖等　④非农用途

(4) 您是否有收取一定费用，代别人种植，所产粮食全部归原农户所有的方式？______

①有，费用是______元/亩　②没有

如果您有把田给别人种，则转出稻田面积是______亩

（1）稻田是______

①季节性流转（早稻　晚稻　冬季　其他）　②全年流转

（2）转出土地给集体还是农户个人？______

①集体　②农户个人　③合作社或农业企业　④其他

（3）转出土地现在的用途是______

①种植粮食　　②种植其他　　③畜牧渔业养殖等

④非农用途

（4）您是否有支付一定费用，委托别人种植，所产粮食全部归原农户所有的方式？______

①有，费用是______元/亩　　②没有

17. 您转入或转出稻田是租赁出租还是其他方式？______

①租赁出租　②其他方式______

假如有租赁出租，租金______元/亩，或______千克/亩稻谷

（1）您有没有委托亲友免费种植（或亲友委托您免费种植），需要时可收回？______

①委托亲友种植　　②亲友委托您种植　③没有

（2）有没有村集体、中介或者土地流转机构，帮助您转入或转出土地？______

①帮助您转入土地　②帮助您转出土地　③没有

（3）您有没有和别人相互换地种植？______

①有　②没有

（4）您有没有把稻田永久转让给别人（或别人给您），田不要了？______

①永久转让给别人　②别人永久转让给您　③没有

（5）您有没有和别人合伙生产或合作社经营，年底按土地大小分红（土地入股）？______

①有　②没有

假如第（5）题选择有，您是否有决定种植什么作物的权力？______

①有，自己参与经营　②没有，交给其他人或合作社经营，自己不管

18. 土地流转后，原农户有的政府补贴给转入土地的农户还是给原农户？______

①原农户　②转入农户

19. 转入（或转出）土地时是否有书面合同或协议？______

①有书面合同或协议　②只有口头协议

20. 您认为是否有必要签订书面合同或协议？______

①有必要　②可有可无　③没有必要

21. 转入（或转出）土地时有没有约定流转期限？______

①有，年数是______　②没有

22. 转入（或转出）土地后是否通知村组或到有关部门登记？______

①是　②否

23. 您在转入（或转出）土地过程中有没有遇到矛盾纠纷？______

①有　②没有

假如有，您是如何解决的？______

①找村委会协调　②自行解决　③法律途径　④其他

24. 假如有转出土地，转出部分或全部稻田后，您不种稻时从事其他劳动的收入是______元/年。

（如果稻田全部转出，结束本次调查）

25. 您有没有与别人签订合同，约定生产或卖出一定数量的稻谷（订单农业）？

①有　②没有

26. 您有没有加入农业合作社或农业合作组织生产水

稻？______

①有　②没有

27. 您在种田过程中是否采用了下列技术？______

①施有机肥　②种植绿肥　③稻草（秸秆）还田

④氮磷钾平衡施肥　⑤少免耕

28. 最近3年您是否有下列行为？______（双季稻区农户回答，单季稻区农户不用回答）

①减少双季稻面积，把减少的面积改种单季稻

②减少单季稻面积，把减少的面积改种双季稻　③没有

29. 您认为自己目前的种稻总面积（规模）对您是偏多还是偏少？______

①基本合适　②偏多　③偏少

（若偏多或偏少，则希望的适宜规模是______亩）

30. 您是否愿意对您现在耕种的土地进行长期经营？______

①愿意　②不愿意

31. 您是否愿意放弃自己的承包地？______

①愿意　②不愿意

假如愿意，则您最需要政府提供的保障前三位依次是______

①经济补偿　②农村养老保险　③农村医疗保险

④农村低保　⑤就业扶持

假如不愿意，则原因是______

①种田有利可图　②可以保障基本生活

③非农就业不稳定，保留退路　④流转或补偿费低

⑤没有人愿意接手　⑥只会种地，不会做其他事

三、去年水稻主要生产环节类型与费用（方式填序号，费用、面积和数量填数字）

32. 环节类型与费用表（费用为每亩大田所需费用；面积为

当季水稻采用该方式的大田亩数）

主要环节	早稻		单季稻（中稻/单晚）		晚稻	
	方式	项目	方式	项目	方式	项目
（1）耕整地方式：①机耕机整		费用		费用		费用
②牛耕牛整		费用		费用		费用
③机耕牛整或牛耕机整		费用		费用		费用
（2）耕整地类型：①有机械或牛耕机整		—		—		—
②无机械或牛，别人代耕		面积		面积		面积
（3）种子（①自购 ②代购 ③免费提供 ④自留种）		费用		费用		费用
（4）育秧类型：①自己育秧		—		—		—
②雇工育秧		费用		费用		费用
③代育代插		费用		费用		费用
		面积		面积		面积
④代育秧，自己插秧		费用		费用		费用
		面积		面积		面积
代育秧是否要自己提供种子？（①要；②不要）						
（5）种植方式：①手插　②机插						
③人工直播 ④机械直播						
⑤人工抛秧 ⑥机械抛秧						
（6）种植类型：①自己手栽		—		—		—
②雇人手栽		费用		费用		费用
③有机械，机栽		面积		面积		面积
④无机械，别人代做机栽		面积		面积		面积
如果自己无机械，机栽费用（元）	费用		费用		费用	
（7）病虫害防治：防治次数	次数		次数		次数	

（续）

主要环节	早稻		单季稻（中稻/单晚）		晚稻	
	方式	项目	方式	项目	方式	项目
亩大田农药费用	费用		费用		费用	
病虫害防治类型：①自己防治		—		—		—
②雇人防治（人工费）		费用		费用		费用
③有机械，统防统治		面积		面积		面积
④无机械，别人代做统防统治		面积		面积		面积
无机械，亩统防统治费用	费用		费用		费用	
是否含农药费？（①含　②不含）						
（8）亩大田化肥费用	费用		费用		费用	
施肥类型：①自己施肥		—		—		—
②雇人施肥（人工费）		费用		费用		费用
（9）亩大田水费（一季）：						
管水类型：①自己管水		—		—		—
②别人代管		费用		费用		费用
代管费是否包含水费？（①含　②不含）						
（10）收获类型：①自己人工收割		—		—		—
②雇人人工收割		费用		费用		费用
③有机械，机收		面积		面积		面积
④无机械，他人代做机收		面积		面积		面积
无机械，机收费用	费用		费用		费用	
（11）稻谷干燥：①晒干		—		—		—
②机械烘干		数量		数量		数量
每50千克稻谷烘干费用						

四、其他

33. 去年全年雇工总费用______元。假如您自己有机械，常年机械维修费______元，购买现有机械的花费是______万元（不计算政府补贴部分）。

34. 去年出售（含打算出售）稻谷数量约多少千克？______

去年所有稻田水稻收割后，种植其他作物毛收入______元，其中总成本______元。

35. 您有没有主动学习并应用过新的种植技术？______

①有　②没有

36. 您有没有主动找过农技员？______

①有　②没有

37. 您有没有购买过农业书籍？______

①有　②没有

38. 您有没有从电视、电脑或网络学习农业技术知识或帮助农产品销售？______

①有　②没有

五、技术指导情况

39. 目前您获取农业技术知识的途径主要为______（可多选）

①报纸杂志　②电视、广播　③农技员指导　④示范户

⑤村社干部　⑥向周围人模仿　⑦自己摸索

⑧农资经营人员　⑨其他______

40. 是否有农技员为您提供技术指导？______

①有　②没有

如果“没有”，回答完第41题后结束；如果“有”，请从第42题继续回答。

41. 如果没有，您是否愿意做科技示范户？______

①愿意 ②不愿意

您对农技员是否欢迎？______

①很不欢迎 ②不欢迎 ③一般 ④比较欢迎 ⑤非常欢迎

您是否愿意采用农技员推广的新品种和新技术？______

①不敢去尝试，怕有风险 ②懒得去尝试

③可以试着接受 ④非常乐意采用

您是否参加过农业相关培训？______

①参加过 ②没参加过

您是否愿意参加农业相关培训？______

①愿意 ②不愿意

42. 如果有，您是否知道指导您的农技员姓名（或姓）？______

①知道 ②不知道

农技员是哪里的？______

①县里，姓名______ ②乡镇，姓名______

③村级，姓名______

您是否知道该农技员的联系方式？______

①知道 ②不知道

您与该农技员是否熟悉？______

①很不熟悉 ②不熟悉 ③一般 ④比较熟悉 ⑤非常熟悉

43. 您对该农技员是否欢迎？______

①很不欢迎 ②不欢迎 ③一般 ④比较欢迎 ⑤非常欢迎

对于该农技员推广的新品种和新技术，您持什么态度？______

①不敢去尝试，怕有风险 ②懒得去尝试

③可以试着接受 ④非常乐意采用

44. 该农技员去年对您一共进行了______次水稻种植技术的

指导。

①1～2 次 ②3～5 次 ③6～10 次 ④11 次以上

其中，在水稻的一个生长季节中，农技员平均到您的田里指导______次。

您认为农技员的指导次数是多还是少？______

①太少 ②比较少 ③一般 ④比较多 ⑤很多

45. 农技员向您提供了下列哪些内容的指导？______

①推荐品种 ②出售种子

③育秧技术 ④出售壮秧剂

⑤栽插技术 ⑥田间管理

⑦测土施肥配方 ⑧出售肥料

⑨病虫害预测预报 ⑩出售农药

⑪农机技术

农技员的指导内容总体效果如何？______

①很不好 ②不好 ③一般 ④比较好 ⑤非常好

46. 农技员向您提供技术指导采用下列哪些方式？______（可多选）

①发放“明白纸” ②田头现场示范

③电话、短信指导 ④村头黑板报

⑤广播、电视讲座 ⑥农技站门市部窗口服务

⑦培训班 ⑧其他______

您认为农技员对您的指导方式是否灵活多样？______

①很不好 ②不好 ③一般 ④比较好 ⑤非常好

47. 农技员的工作态度如何？______

①很不好 ②不好 ③一般 ④比较好 ⑤非常好

农技员对技术的介绍您能否听懂？______

①完全不懂 ②不太懂 ③一般 ④比较好懂 ⑤很容易懂

您咨询的疑难问题，农技员是否会及时进行解决？______

①很不及时　②不太及时　③一般　④比较及时　⑤很及时

48. 农技员是否组织过您参加相关的技术培训？______

①有　②没有

如果有，组织过______次；您觉得培训的效果怎样？______

①很差　②差　③一般　④比较好　⑤非常好

您是否愿意参加这类培训？______

①愿意　②不愿意

参加培训是否需要向您支付误工费用？______

①支付，每次______元　②不支付

49. 您对农技员推广工作是否满意？______

①很不满意　②不满意　③一般　④比较满意　⑤非常满意

农技员对您的指导作用大不大？______

①无　②比较小　③一般　④比较大　⑤很大

50. 对农技员的技术指导，如果您认为有用，您是否愿意支付一定的费用？______

①愿意　②不愿意

51. 您是否在闲谈中向他人推荐您学到的新技术或采用的新品种？______

①推荐　②不推荐

在农技员的指导下，是否有其他农户向您咨询种稻的品种、技术？______

①有　②没有

您是否对周围农户起到辐射带动作用？______

①无　②比较小　③一般　④比较大　⑤很大

附录 2　农户种植经营调查问卷

（仅用于科学研究）

______县______乡（镇）______村；农户姓名______，电话______；从村到镇上距离______公里，从村到县城距离______公里。

一、农户及家庭成员特征

1. 您的家里有几个人______人，其中：小于 16 岁的孩子______人，大于 16 岁的劳动力______人，务农劳力（务农时间不少于 3 个月）______人，在外务工______人。

2. 家庭中 15 岁以上的人员的基本情况调查【如超过 3 人，请将资料填在空白处或者背面】

家庭成员编号			
(1) 是否为户主　①是　②否			
(2) 出生年份			
(3) 性别：①男　②女			
(4) 民族：①汉　②回　③满　④蒙　⑤朝鲜　⑥其他			
(5) 受教育年限			
(6) 婚姻状况：①已婚　②未婚　③离婚　④丧偶			

（续）

家庭成员编号									
	2011	2010	2009	2011	2010	2009	2011	2010	2009
（7）健康状况：①健康　②一般　③较差　④残疾									
（8）是否在家务农　①是　②否									
是的话请回答：种地年数									
（9）是否在外务工（累计3个月以上）①是　②否									
是的话请回答：务工的工作类型									
务工的地点：①镇上　②县城　③市里　④省会　⑤外省									
（10）在外务工时，往家寄回来或带回来的钱数（具体数目不清楚时，可以填大概范围） 钱的用途：①补贴家用　②修建或修补房子　③购置农机　④储蓄　⑤用于农业生产活动　⑥其他（请说明______）									

工作类型：①力工　②零工　③服务员　④小摊贩（无固定地点）　⑤销售员　⑥办事人员，如秘书、会计、办公室工作人员　⑦固定店铺的小业主　⑧低技能工人（如司机厨师等）　⑨高技能工人，如车工、钳工、瓦工、计算机操作员等　⑩包工头　⑪管理人员　⑫私营工业加工企业主　⑬教师、公务员等事业单位人员　⑭无工作　⑮其他______

3. 您家庭最主要的收入来源为______

①种植业　②养殖业　③副业（手工业、自营工商业）

④工资性收入（含打工）　⑤其他

4. 去年您家庭总收入（毛收入）是______万元，介于下面哪一段？______

①1.5万元以下　②1.6万～2.0万元　③2.1万～3.0万元　④3.1万～5.0万元　⑤5.1万～10.0万元　⑥10.1万元以上

5. 去年您全家种植业毛收入大约是______元（包括粮食其他作物、瓜果蔬菜、茶叶、花卉林木等），畜禽水产养殖毛收入______元，务工工资收入______元，其他收入______元。

6. 您本人是______

①科技示范户　②村干部　③本地普通农户　④外来承包户

7. 您认为您的家庭收入在本村属于什么水平？______

①偏上　②中等　③偏下

8. 您是否会一门手艺？______

①会（手艺是______）　②不会

9. 您有没有为其他农户提供整地、栽插以及收割等生产服务？______

①有　②没有

如果有，全年服务费收入______元，主要是什么环节？______（可以多选）

①整地　②育秧　③栽插（播、抛）　④病虫防治

⑤施肥　⑥收获　⑦加工销售　⑧其他环节

10. 您是否参加或享受了下列社会保障？______（可以多选）

①农村养老保险　②农村合作医疗及医疗保险

③农村低保　④就业扶持　⑤其他

二、土地规模状况

<table>
<tr><td colspan="2"></td><td>2011</td><td>2010</td><td>2009</td></tr>
<tr><td colspan="2">11. 家里总共种植面积（亩）</td><td></td><td></td><td></td></tr>
<tr><td colspan="2">12 您有没有委托亲友免费种植（或亲友委托您免费种植），需要时可收回？①委托亲友种植　②亲友委托您种植　③没有</td><td></td><td></td><td></td></tr>
<tr><td colspan="2">13. 近三年您有没有种别人的地或把地给别人种？（含季节性种植）①没有（直接跳到第 23 题）　②有</td><td></td><td></td><td></td></tr>
<tr><td rowspan="5">14. 如果您有种别人的田</td><td>转入面积（亩）</td><td></td><td></td><td></td></tr>
<tr><td>每亩地转入费用（元）</td><td></td><td></td><td></td></tr>
<tr><td>方式：①季节性流转　②全年流转</td><td></td><td></td><td></td></tr>
<tr><td>转入土地的来源：①集体　②农户个人　③合作社或农业企业　④其他</td><td></td><td></td><td></td></tr>
<tr><td>用途是：①种植粮食（大致比例______%）　②种植其他　③畜牧渔业养殖等　④非农用途</td><td></td><td></td><td></td></tr>
<tr><td rowspan="5">15. 如果您有把田给别人种</td><td>转出面积（亩）</td><td></td><td></td><td></td></tr>
<tr><td>每亩地出租费用（元）</td><td></td><td></td><td></td></tr>
<tr><td>方式：①季节性流转　②全年流转</td><td></td><td></td><td></td></tr>
<tr><td>转出土地给谁：①集体　②农户个人　③合作社或农业企业　④其他</td><td></td><td></td><td></td></tr>
<tr><td>转出土地用途是：①种植粮食　②种植其他　③畜牧渔业养殖等　④非农用途</td><td></td><td></td><td></td></tr>
<tr><td colspan="2">16. 有没有村集体、中介或者土地流转机构帮助您转入或转出土地？
①帮助您转入土地　②帮助您转出土地　③没有</td><td></td><td></td><td></td></tr>
<tr><td colspan="2" rowspan="3">17. 您有没有和别人合伙生产或合作社经营，年底按土地大小分红（土地入股）？
①有　②没有
如选择①有，您是否有决定种植什么作物的权利？①有，自己参与经营　②没有，交给其他人或合作社经营</td><td></td><td></td><td></td></tr>
<tr><td></td><td></td><td></td></tr>
<tr><td></td><td></td><td></td></tr>
</table>

（续）

	2011	2010	2009
18. 土地流转后，原农户有的政府补贴给转入土地的农户还是给原农户？ ①原农户　②转入农户			
19. 转入（或转出）土地时是否有书面合同或协议？ ①有书面合同或协议　②只有口头协议			
20. 转入（或转出）土地时有没有约定流转期限？ ①有，年限多少　②没有			
21. 转入（或转出）土地后是否通知村组或到有关部门登记？ ①是　②否			
22. 您在转入（或转出）土地过程中有没有遇到矛盾纠纷 ①有　②没有			
如选择有，您是如何解决的？①找村委会协调　②自行解决 ③法律途径　④其他（具体是______）			

（如果土地全部转出，结束本次调查）

三、农作物主要生产环节类型与费用

23. 您家种植面积最大的农作物项目调查：

（1）2011 年为______；种植面积______亩，平均每亩产量______千克，地块数为______

（2）2010 年为______，______亩，平均每亩产量______千克，地块数为______

（3）2009 年为______，______亩，平均每亩产量______千克，地块数为______

①小麦　②玉米　③稻谷　④大豆、薯类等其他粮食作物　⑤果用地　⑥蔬菜　⑦其他（请说明______）

24. 您家土地类型______

①旱坡地　②旱平地　③水浇地

25. 2011—2009年您家种植面积最大的农作物其主要环节类型与生产费用调查（方式填序号，费用、次数和数量填数字）

（费用为每亩大田所需费用；面积为当季采用该方式的大田亩数）

主要环节	2011		2010		2009	
	方式	项目	方式	项目	方式	项目
（1）耕整地方式：①机耕机整		费用		费用		费用
②牛耕牛整		费用		费用		费用
③机耕牛整或牛耕机整		费用		费用		费用
（2）种子的费用	费用		费用		费用	
（3）种植类型：①手栽（如果雇人手栽，人工费______元）②机栽（如果雇佣机械，机栽费______元）		费用		费用		费用
（4）病虫害防治：防治次数	次数		次数		次数	
亩大田病虫害防治费用（元）	费用		费用		费用	
病虫害防治类型：①人工防治（如果雇人，人工费______）②机械防治（如果雇佣机械，费用为______）		费用		费用		费用
（5）亩大田化肥总费用（元）	费用		费用		费用	
（6）亩大田水费（一季）：（元）	费用		费用		费用	
（7）收获类型：①人工收割（如果雇人，人工费______）②机械收割（如果雇佣机械，费用为______）		费用		费用		费用

（续）

主要环节	2011		2010		2009	
	方式	项目	方式	项目	方式	项目
（8）干燥：①晒干		—		—		—
②机械烘干		数量		数量		数量
每500千克粮食烘干费用（元）						
（9）全年雇工费用为（元）						

四、其他方面

26. 您家拥有的农业机械种类______，数量______，购买时间______（如拥有多种农用机械，之间用逗号隔开）

①联合收割机 ②机动脱粒机 ③农用运输车 ④小型拖拉机及配套农具 ⑤大中型拖拉机及配套农具 ⑥其他（具体说明______）

27. 假如您自己有机械，常年机械维修费______元，购买现有机械的花费是______万元（不计算政府补贴部分）

28. 您有没有与别人签订合同，约定生产或卖出一定数量的农产品（订单农业）？

①有 ②没有

29. 您有没有加入农业合作社或农业合作组织？______

①有 ②没有

30. 您在种田过程中采用了下列哪种技术？______

①施有机肥 ②种植绿肥 ③稻草（秸秆）还田 ④氮磷钾平衡施肥 ⑤少免耕

31. 您有没有主动学习并应用过新的种植技术？______

①有 ②没有

32. 当地政府的农机推广部门是否提供过技术？______

①有（是______）　②没有

33. 您有没有购买过农业方面的书籍？______

①有　②没有

34. 您有没有从电视、电脑或网络学习农业技术知识或帮助农产品销售？

①有　②没有

35. 是否有农技员为您提供技术指导？______

①有（2011 年共______次）　②没有

参考文献
REFERENCES

白南生，李靖，陈晨．子女外出务工、转移收入与农村老人农业劳动供给——基于安徽省劳动力输出集中地三个村的研究．中国农村经济，2007（10）：46－52.

蔡昉，都阳，王美艳．户籍制度与劳动力市场保护．经济研究，2001（12）：41－49.

蔡昉，都阳，王美艳．农村劳动力流动的政治经济学．上海：三联出版社，2003.

蔡昉，王德文．中国经济增长可持续性与劳动贡献．经济研究，1999（10）：62－68.

曹锐．新生代农民工婚恋模式初探．南方人口，2010（5）：53－59，23.

陈锋．“闪婚”与“跨省婚姻”：打工青年婚恋选择的比较研究．西北人口，2012（4）：52－57.

陈美球，肖鹤亮，何维佳，等．耕地流转农户行为影响因素的实证分析——基于江西省1 396户农户耕地流转行为现状的调研．自然资源学报，2008（5）：369－374.

陈素琼，张广胜．农村劳动力转移对水稻生产技术效率的影响：存在代际差异吗？——基于辽宁省的调查．农业技术经济，2012（12）：31－38.

陈印陶．打工妹的婚恋观念及其困扰——来自广东省的调查报告．人口研究，1997（2）：39－44.

陈映芳．“农民工”：制度安排与身份认同．社会学研究，2005（3）：119－132.

成艾华，姚上海．农民工的代际差异分析．统计与决策，2005（10）：61－63.

都阳，朴之水．迁移与减贫——来自农户调查的经验证据．人口研究，

2003 (4): 56 - 62.

杜书云，张广宇．农民工代际差异问题调查与思考．农村经济，2008 (2): 100 - 104.

杜鹰．现阶段中国农村劳动力流动的群体特征与宏观背景分析．中国农村经济，1997 (6): 4 - 11.

方小教．农民工社会认同问题辨析．合肥师范学院学报，2010 (1): 51 - 55.

风笑天．农村外出打工青年的婚姻与家庭：一个值得重视的研究领域．人口研究，2006 (1): 57 - 60.

符平，黄莎莎．在梦想与现实之间——“80 后”新生代农民工与“四个世界”关系的研究．青年研究，2009 (4): 24 - 33.

符平．漂泊与抗争：青年农民工的生存境遇．调研世界，2006 (9): 20 - 25.

符平．青年农民工的城市适应：实践社会学研究的发现．社会，2006 (2): 136 - 158.

高国力．区域经济发展与劳动力迁移．南开经济研究，1995 (2): 27 - 32.

高小贤．当代中国农村劳动力转移及农业女性化趋势．社会学研究，1994 (2): 83 - 90.

郭星华，储卉娟．从乡村到都市：融入与隔离——关于民工与城市居民社会距离的实证研究．江海学刊，2004 (3): 91 - 98.

国务院研究室课题组．中国农民工问题调研报告．北京：中国言实出版社，2006.

何军，李庆，张姝弛．家庭性别分工与农业女性化——基于江苏 408 份样本家庭的实证分析．南京农业大学学报（社会科学版），2010 (1): 50 - 56.

何美金，郑英隆．农民工的形态演变：基于中国工业化进程长期性的研究．学术研究，2007 (11): 53 - 59.

何英华．户籍制度松紧程度的一个衡量．经济学（季刊），2004 (10): 99 - 124.

贺秋硕．劳动力流动与收入收敛——一个改进的新古典增长模型及对中国的启示．财经研究，2005（10）：137－144.

胡枫，王其文．中国农民工汇款的影响因素分析——一个区间回归模型的应用．统计研究，2007（10）：20－25.

胡枫．中国农村劳动力转移的研究：一个文献综述．浙江社会科学，2007（1）：207－212.

黄平．寻求生存——当代中国外出人口的社会学研究．昆明：云南人民出版社，1997.

康绍霞．女性青年农民工的城市适应问题及其社会工作的介入．郑州航空工业管理学院学报（社会科学版），2009（12）：141－142.

李成贵．土地流转势在必行．时事报告，2007（9）：38－39.

李旻，赵连阁．农业劳动力"女性化"现象及其对农业生产的影响——基于辽宁省的实证分析．中国农村经济，2009（5）：61－69.

李旻，赵连阁．农业劳动力流动对农业劳动力老龄化形成的影响——基于辽宁省的实证分析．中国农村经济，2010（9）：68－75.

李培林．中国流动民工的社会网络．中国社会科学（英文版），2003（4）：138－148.

李强．影响中国城乡流动人口的推力与拉力因素分析．中国社会科学，2003（10）：125－136.

李强．中国外出农民工及其汇款之研究．社会学研究，2001（4）：64－76.

李伟东．新生代农民工的城市适应研究．北京社会科学，2009（4）：29－33.

刘博，李航．情景化日常生活与阶层地位的获得——基于沈阳市服务业新生代农民工的个案考察．人口与发展，2009（4）：22－31.

刘传江，程建林．第二代农民工市民化：现状分析与进程测度．人口研究，2008（9）：48－57.

刘传江，徐建玲．"民工潮"与"民工荒"：农民工劳动供给行为视角的经济学分析．财经问题研究，2006（5）：73－80.

刘传江，周玲．社会资本与农民工的城市融合．人口研究，2004（5）：12－18.

刘乃全．农村劳动力流动对区域经济发展的影响分析．上海：上海财经大学出版社，2005.
刘淑华．家乡的“归根”抑或城市的“扎根”——新生代农民工婚恋取向问题的研究．中国青年研究，2008（1）：47-50.
刘晓宇，张林秀．农村土地产权稳定性与劳动力转移关系分析．中国农村经济，2008（2）：29-39.
陆学艺，张厚义．农民的分化、问题及其对策．农业经济问题，1990（1）：16-21.
罗必良．农地制度变革指向发展方式转型．南方日报，2008-11-19.
罗建英，等．“八〇”后农民工婚恋观的研究．农村经济与科技，2008（8）：12-13.
马用浩，张登文，马昌伟．新生代农民工及其市民化问题初探．求实，2006（4）：55-57.
马忠东，张为民，梁在，等．劳动力流动：中国农村收入增长的新因素．人口研究，2004（3）：2-10.
潘永，朱传耿．“80后”农民工择偶模式研究．西北人口，2007（1）：125-128.
庞丽华，Scott Rozelle，Alan de Brauw. 中国农村老人的劳动供给研究．经济学（季刊），2003（4）：721-730.
钱入磊．新生代农民工生活状况调查报告．中国乡村发现，2007（3）：96-100.
钱文荣，郑黎义．劳动力外出务工对农户水稻生产的影响．中国人口科学，2010（5）：58-65.
屈小博．不同规模农户生产技术效率差异及其影响因素分析——基于超越对数随机前沿生产函数与农户微观数据．南京农业大学学报（社会科学版），2009（3）：27-35.
沈立人．中国农民工．北京：民主与建设出版社，2005.
石磊．三农问题的终结．南昌：江西人民出版社，2005.
宋月萍，张龙龙，段成荣．传统、冲击与嬗变——新生代农民工婚育行为探析．人口与经济，2012（6）：8-15.
孙朝阳．青年女性农民工城市融入的主动策略．安徽农业科学，2009，37

(18)：8709-8711，8726.

孙秋，周丕东．农业女性化对妇女发展和农业生产的影响．贵州农业科学，2008 (3)：193-196.

陶菁．青年农民工城市适应问题研究——以社会关系网络构建为视界．江西社会科学，2009 (7)：201-204.

王春光．对新生代农民城市融合问题的认识．人口研究，2010 (3)：31-34.

王春光．社会流动和社会重构．杭州：浙江人民出版社，1995.

王春光．新生代农村流动人口的社会认同与城乡融合的关系．社会学研究，2001 (3)：63-76.

王春光．新生代农村流动人口的社会认同与城乡融合的关系．社会学研究，2001 (3)：63-76.

王芳．返乡相亲：新生代农民工的一种择偶形态——以豫东S村为例．武汉：华中师范大学，2011.

王光栋，李余华．中部地区农村劳动力跨区域流动的特征．统计与决策，2004 (12)：70-71.

王桂新，刘建波．长三角与珠三角地区省际人口迁移比较研究．中国人口科学，2007 (2)：87-94.

王桂新，沈建法，刘建波．中国城市农民工市民化研究——以上海为例．人口与发展，2008 (1)：3-23.

王桂新．迁移与发展——中国改革开放以来的实证．北京：科学出版社，2005.

王国信．两代农民工之比较．中国劳动保障，2008 (7)：30-31.

王甲午．辽宁省农村土地流转现状及对策建议．农业经济，2011 (12)：72-73.

王美艳．城市劳动力市场上的就业机会与工资差异——外来劳动力就业与报酬研究．中国社会科学，2005 (5)：36-46.

王美艳．劳动力迁移对中国农村经济影响的研究综述．中国农村观察，2006 (3)：70-73，79.

王艳华．新生代农民工市民化的社会学分析．中国青年研究，2007 (5)：

38 - 41.

魏晨．新生代农民工的身份认同问题研究——以徐州地区为例．经济与社会发展，2006 (12)：106 - 109.

文军．农民市民化：从农民到市民的角色转型．华东师范大学学报，2004 (3)：91 - 98.

吴海盛．农村老年人农业劳动参与的影响因素——基于江苏的实证研究．农业经济问题，2008 (5)：96 - 102.

吴新慧．传统与现代之间——新生代农民工的恋爱与婚姻．中国青年研究，2011 (1)：15 - 18，77.

吴银涛，胡珍．三角结构视域下的青年农民工婚姻维持研究——基于成都市服务行业青年农民工的实证调查．青年研究，2007 (8)：14 - 21.

肖和平，胡珍．青年农民工婚姻家庭状况研究报告——基于成都市服务行业的调查．中国青年研究，2008 (6)：46 - 49.

肖群鹰，刘慧君．基于 QAP 算法的省际劳动力迁移动因理论再检验．中国人口科学，2007 (4)：26 - 34.

许传新，许若兰．新生代农民工与城市居民社会距离实证研究．人口与经济，2007 (5)：39 - 44.

许传新．新生代农民工生育意愿及相关因素分析．中国青年研究，2012 (11)：10 - 14.

许传新．新生代农民工与市民通婚意愿及影响因素研究．青年研究，2006 (9)：38 - 43.

薛彩霞，姚顺波，郭亚军，等．陕西省吴起县农户种植技术效率及影响因素分析——基于随机前沿分析方法．北京林业大学学报（社会科学版），2011 (3)：65 - 69.

杨昕．新生代农民工的“半城市化”问题研究．当代青年研究，2008 (9)：6 - 10.

叶文振，等．外来打工妹的择偶意愿研究．市场与人口分析，2006 (6)：32 - 40，61.

殷娟，姚兆余．新生代农民工身份认同及影响因素分析——基于长沙市农民工的抽样调查．湖南农业大学学报（社会科学版），2009 (6)：

42-46.

尹子文．第二代农民工婚姻家庭问题探析．中国农村观察，2010（3）：13-23.

悦中山，李树茁，费尔德曼，杜海峰．徘徊在“三岔路口”：两代农民工发展意愿的比较研究．人口与经济，2009（6）：58-66.

曾绍阳，唐晓滕．社会变迁中的农民流动．南昌：江西人民出版社，2004.

张车伟，Albert Park．“转型中的中国农村劳动力市场”国际研讨会综述．中国人口科学，2002（1）：78-80.

张凤华．乡村转型、角色变迁与女性崛起——我国农村女性角色变迁的制度环境分析．华中师范大学学报，2006（7）：7-11.

张永丽，黄祖辉．中国农村劳动力流动研究述评．中国农村观察，2008（1）：69-79.

张勇．中国就业制度变迁与公共政策选择．南昌：沈阳农业大学，2004.

张志胜．脱根与涅槃——新生代女民工的市民化释读．中国青年研究，2007（1）：64-67.

章立，余康，郭萍．农业经营技术效率的影响因素分析——基于浙江省农户面板数据的实证．农业技术经济，2012（3）：71-77.

赵树凯．正确对待农民流动．经济体制改革，1994（1）：107-111.

赵树凯．中国农村劳动力流动与城市就业．当代亚太，1998（7）：10-15.

赵耀辉．中国农村劳动力流动及教育在其中的作用——以四川省为基础的研究．经济研究，1997（2）：37-42，73.

郑功成．科学发展与共享和谐．北京：人民出版社，2006.

郑英隆．比较利益的递进追求：农民工演进的劳动经济学解读．经济学家，2007（2）：64-71.

中共中央政策研究室农村组．关于农村劳动力跨区域流动问题的初步研究．中国农村经济，1994（3）：3-7.

中国青少年研究中心．中国新生代农民工发展状况及代际对比研究报告．http：//www.cycs.org/Article.asp? Category = 1&Column = 389&ID=7879.2007.

周宏，褚保金．中国水稻生产效率的变动分析．中国农村经济，2003

(12)：42-46.

周可，王厚俊．两代农民工流动动因与择业期望代际差异的比较．统计与决策，2009 (16)：88-90.

周密，张广胜，黄利．新生代农民工市民化程度的测度．农业技术经济，2012 (1)：90-98.

周明宝．城市滞留型青年农民工的文化适应与身份认同．社会，2004 (5)：4-11，23.

周伟文，侯建华．新生代农民工阶层：城市化与婚姻的双重困境——S市新生代农民工婚姻状况调查分析．社会科学论坛，2010 (18)：151-159.

朱农．论收入差距对中国乡城迁移决策的影响．人口与经济，2002 (5)：10-17.

朱农．中国农村劳动力流动与“三农”问题．武汉：武汉大学出版社，2002.

庄渝霞．不同代别农民工生育意愿及其影响因素：基于厦门市912位农村流动人口的实证研究．社会，2008 (1)：138-163.

Alande Brauw. Are Women Taking Over the Farm in China. working paper，2003.

Cai Fang，Dewen Wang. Migration as Marketization：What Can We Learn from China' 2000 Census Data? . The China Review，2003 (2)：73-93.

Debreu G. The Coefficient of Resource Utilitzation. Economtrica，1951 (19)：273-292.

Detang-Dessendre，Cecile Goffette-Nagot. Florence Life cycle and migration to urban and rural areas：Estimation of a mixed logit model on French data. Journal of Regional Science，2008 (4)：789-824.

Knight，Yueh. Job mobility of residents and migrants in urban China. Journal of Comparative Economics，2004 (32)：637-660.

Koopmans T. An Analysis of Production as an Efficient Combination of Activities. in：Koopmans (Ed.) . Activity Analysis of Production and Allocation，New York，Wilry，1951：177-189.

M J Farrell. The Measurement of Productive Efficiency. Journal of Royal Statistical Society，1957（3）：253－290.

Rozelle S，Taylor J E，de Brauw A. Migration，Remittances and Agricultural Productivity in China. American Economic Review，1999（2）：287－291.

Shi Xinzheng，Terry Sicular，Zhao Yaohui. Analyzing Urban－Rural Income Inequality in China Beijing. Presented at International Symposium on Equity and Social Justice in Transitional China，2002（7）：11－12.

Skeldon Ronald. Ageing of Rural Populations in South－East and East Asia. FAO/SDWP，Rome，www. fao. org，1999.

Solinger，Dorothy J. Citizenship Issues in China's internal Migration：Comparisons with Germany and Japan. Political Science Quartely，1999（114）：463－477.

Wu H X，Meng X. The Impact of the Relocation of Farm Labor on Chinese Grain Production. China Economic Review，1997（2）：105－122.

Zhao YH. Labor migration and returns to rural education in China. American Journal of Agricultural Economics，1997（4）：1278－1287.

后　记

POSTSCRIPT

时光荏苒，岁月如梭。博士后学习即将结束，回首过往，我感慨颇多，收获良多。这是一段宝贵的经历，是我从产业经济学领域转向农林经济管理领域学习、研究的一个重要阶段。首先要感谢合作指导教师张广胜教授，是张老师为我提供了这样一个机会，使我有幸进入沈阳农业大学农林经济管理博士后流动站学习、工作和深造，在此向导师致以最诚挚的谢意。张老师不仅在学术上值得我们学习和敬仰，在做人做事上也是我学习的楷模。四年的时间，我师从张老师学到了很多，从论文的写作到课题的申请我都有了进步，在学术的道路上一点一点成长。我非常幸运能跟张老师做博士后。

进入沈阳农业大学经济管理学院以来，四年多的工作得到沈阳农业大学经济管理学院领导和同事们的支持，感谢经管学院提供了需要的工作条件和环境。感谢经管学院组织天柱山经管论坛、经管教师学术论坛等活动促进了我们在学术上的成长和进步，参加报告会使我获益匪浅。感谢农经教研室的主任刘强，同事张锦梅、杨欣、周艳波、韩晓燕、施雯、谭晓婷、江金启、周密、谢凤杰在学习和工作中给予的关心和支持，尤其是在我怀孕期间你们在工作上给予的照顾。感谢师姐杨肖丽老师、李旻老师为我树立了榜样，感谢戚迪明、李明玉、姚缘、柳延恒、王振华、谢齐玥、郭一墨、郑文杰等同门的帮助，感谢沈阳农业大学三农协会王建花等同学参与调研。

我还要将深深的谢意奉送给我远方的爸爸和弟弟，感谢亲人多年来的教育、支持和鼓励，愿这本著作可以作为我对他们的报答，并以此告慰我最亲爱的妈妈。向我的丈夫杨相展先生表示衷心的感谢，谢谢他多年的支持与激励，使我能够专心完成学业和工作，使我能够在学业上一点一点进步。四年的时间，经历很多事的我没有你们的支持和鼓励，我想我没有办法有今天小小的进步，谢谢你们。

此外，本书引用了大量的经典文献和学术观点，在此一并表示感谢！

再次向所有关心帮助我的领导、师长和朋友表示深深的谢意！

陈素琼

2017年1月

图书在版编目（CIP）数据

农村新生代劳动力转移对农业生产技术效率的影响研究：以辽宁省为例 / 陈素琼著 .—北京：中国农业出版社，2017.3

ISBN 978-7-109-20037-1

Ⅰ.①农…　Ⅱ.①陈…　Ⅲ.①农村劳动力－劳动力转移－影响－农业技术－生产效率－研究－辽宁　Ⅳ.①F327.31

中国版本图书馆 CIP 数据核字（2017）第 038892 号

中国农业出版社出版
（北京市朝阳区麦子店街 18 号楼）
（邮政编码 100125）
责任编辑　刘明昌

中国农业出版社印刷厂印刷　　新华书店北京发行所发行
2017 年 3 月第 1 版　　2017 年 3 月北京第 1 次印刷

开本：880mm×1230mm　1/32　　印张：5.125
字数：152 千字
定价：30.00 元